日光
那須・塩原

JN016141

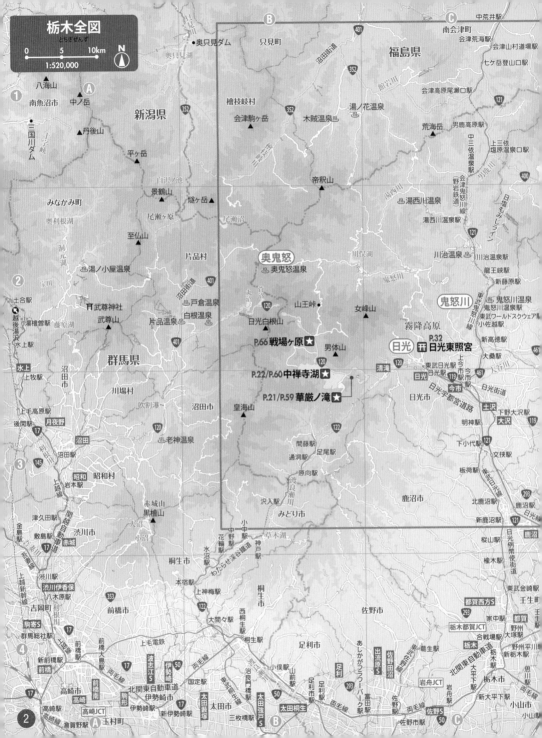

MAP

付録 街歩き地図

日光
那須・塩原

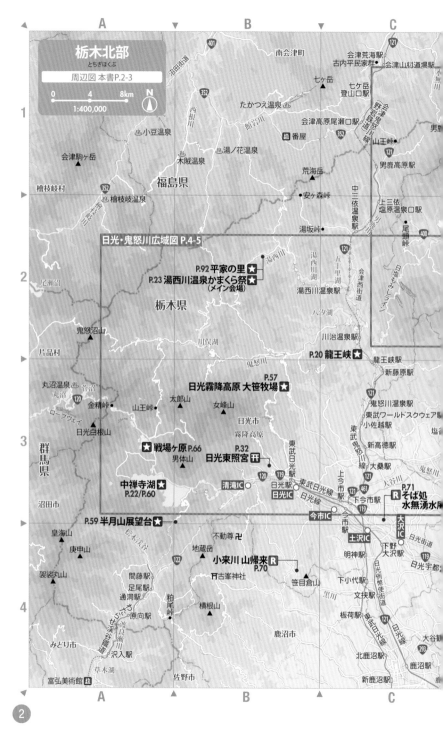

栃木北部
とちぎほくぶ

周辺図 本書P.2-3

0 4 8km
1:400,000
N

日光・鬼怒川広域図 P.4-5

P.92 平家の里 ★
P.23 湯西川温泉かまくら祭 ★
（メイン会場）

栃木県

P.20 龍王峡 ★

P.57
日光霧降高原 大笹牧場 ★

★ 戦場ヶ原 P.66

P.32
日光東照宮 卍

清滝IC

★ 中禅寺湖
P.22/P.60

今市IC

P.71
R そば処
水無湧水所

★ 半月山展望台 P.59

土沢IC

不動尊 卍
地蔵岳

小来川 山帰来 R
P.70

卍古峯神社

横根山

南会津町

会津荒海駅
古内平民家群 会津山村道場駅

七ヶ岳
七ケ岳
登山口駅

たかつえ温泉
会津高原尾瀬口駅

♨小豆温泉
番屋

会津駒ヶ岳
♨木賊温泉
♨湯ノ花温泉

荒海岳

福島県

♨檜枝岐温泉

安ヶ森峠

男鹿高原駅

上三依
塩原温泉口駅

湯坂峠

尾頭峠

湯西川湖

五十里湖

湯西川温泉駅

八汐湖

鬼怒沼山

川俣湖

川治温泉駅

片品村

龍王峡駅

新藤原駅

丸沼温泉♨

金精峠
山王峠

日光白根山

群馬県

沼田市

太郎山
女峰山

日光市

霧降高原

鬼怒川温泉駅
東武ワールドスクウェア駅
小佐越駅
新高徳駅

男体山

上今市駅

日光駅
日光IC

東武日光駅
東武日光線

日光線

下今市駅

新鹿沼駅

皇海山

庚申山

袈裟丸山

間藤駅
足尾駅

通洞駅

原向駅

粕尾峠

笹目倉山

下小代駅

明神駅

文挟駅

鹿沼市

みどり市

草木湖

富弘美術館

大沢IC

下野
大沢駅

日光街道

日光宇都

日光例幣使街道

板荷駅

北鹿沼駅

大谷観

鹿島駅

佐野市

黒川

A B C

下郷町

鏡ヶ沼
三本槍岳 ▲

▲茶臼岳

栃木県

深山湖

P.106
須ハイランドパーク ★

那須高原りんどう湖ファミリー牧場 P.106
★

那須高原友愛の森

那須塩原市

会津東街道

那須ガーデン
アウトレット
SC
●黒磯板室IC

西那須野塩原IC
●

苦川

西那須野駅

新甲子温泉

西郷村

★那須平成の森 P.102

那須町

●那須IC

那珂川

那須塩原駅

那須・塩原広域図 P.12-13

★那須フラワー
ワールド P.22

陸羽街道

●白河IC

白坂駅

●那須高原SIC
豊原駅

那須

高久駅

黒田
原駅

黒磯駅

294

那珂川

新白河駅

白河駅

4

294 白河中央SIC ● 4 矢吹町

久田野駅 泉崎村 中島町

泉崎駅

白河市

福島県

●白河関跡 ●白河関の里

289

久慈川

戸中峠
●

棚倉町

山本不動尊 卍

八溝山 ▲

卍日輪寺

塙町

寺山観音寺 卍

野崎駅

矢板市

矢板北SIC ○
やいた

461

4 ●矢板駅

木幡神社

矢板IC ○

街道

片岡駅

日光北街道

黒羽街道

大田原市

400

佐久山宿 ●

寒川

那珂川温泉
馬頭温泉
小口温泉

461
卍雲巌寺

唐松峠
●

明神峠
●

花立峠
●

那須川町

塩ノ沢温泉

境明神峠

慈雲寺卍

大子町

浅川温泉

常陸大子駅

118

水郡線

★那珂川町馬頭広重美術館 P.105

蒲須坂駅

喜連川温泉

氏家駅

上河内SIC ●

宇都宮市

郎IC ○

都宮IC ○

9

119

東武
駅

東北本線

東北新幹線

293

仁井田駅

下野花岡駅

宝積寺駅

岡本駅

宇都宮市

408

御料牧場 ●

喜連川

陸羽街道

さくら市

烏山線

鷲野山駅

大金駅

高根沢町

飛山城通

293
ばとう

栃木県

那須烏山市

大金温泉

滝駅

烏山駅

市貝町

芳賀町

294

鷲子山上神社
卍

伴睦峠
●

鷲子山
●

みわ

花立峠

293

茂木町

タバッコ峠
●

常陸大宮市

茨城県

★ 観光・見どころ	S ショップ
卍 寺院	H 宿泊施設
卉 神社	道の駅
十 教会	温泉
R 飲食店	スキー場
C カフェ・甘味処	バス停
SC ショッピングセンター	

D　E　F

3

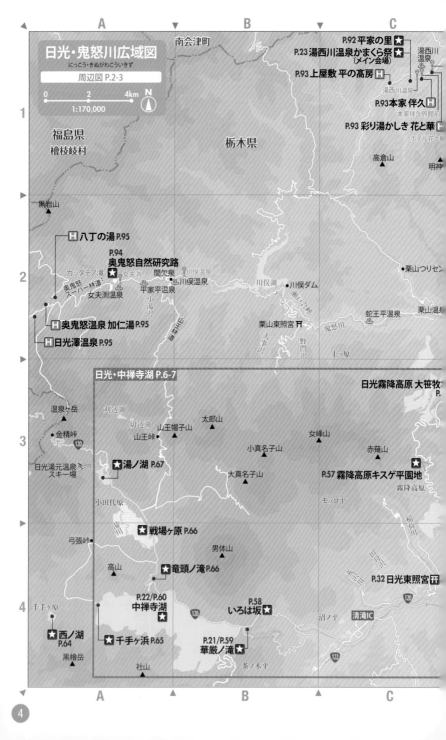

日光・鬼怒川広域図
にっこう・きぬがわこういきず

周辺図 P.2-3

0 2 4km
1:170,000
N

南会津町

P.92 平家の里 ★
P.23 湯西川温泉かまくら祭 ★
（メイン会場）
湯西川温泉
P.93 上屋敷 平の髙房 H
湯西川温泉
P.93 本家 伴久 H
本家伴久旅館前
P.93 彩り湯かしき 花と華 H
ホテル花と華

福島県
檜枝岐村

栃木県

高倉山
明神

黒岩山

H 八丁の湯 P.95

P.94
奥鬼怒自然研究路 ★
カッタテノ滝
女夫渕 間欠泉 川俣温泉
奥鬼怒スーパー林道 女夫渕温泉 川俣温泉
平家平温泉
小滝沢

川俣湖 川俣ダム
瀬戸合峡

栗山つりセン

H 奥鬼怒温泉 加仁湯 P.95
栗山東照宮 卍
H 日光澤温泉 P.95
大笹沢

蛇王平温泉
栗山温泉

鬼怒川

野門沢
上ッ原

日光・中禅寺湖 P.6-7

日光霧降高原 大笹牧
P.

刈込湖
温泉ヶ岳
切込湖
太郎山
金精峠
120
山王帽子山
山王峠

女峰山

日光湯元温泉
スキー場
★ 湯ノ湖 P.67
小真名子山
赤薙山

大真名子山
★
P.57 霧降高原キスゲ平園地
霧降高原

小田代原
モッコ平

弓張峠
★ 戦場ヶ原 P.66

高山
男体山
★ 竜頭ノ滝 P.66

稲荷川

P.22/P.60
中禅寺湖
★
P.58
いろは坂 ★

P.32 日光東照宮 卍
120
千手ヶ原
★ 西ノ湖 P.64
★ 千手ヶ浜 P.65
沼ノ平
清滝IC

黒檜岳
P.21/P.59
華厳ノ滝 ★
社山
茶ノ木平

122

A B C

4

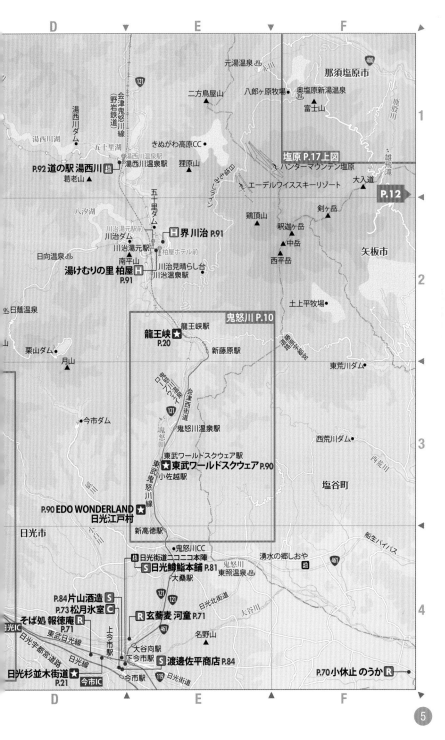

那須塩原市

元湯温泉

二方鳥屋山

八郎ヶ原牧場 奥塩原新湯温泉
富士山

湯西川ダム

湯西川湖

(野岩鉄道)
会津鬼怒川線

121

きぬがわ高原CC

五十里湖

狸原山

塩原 P.17上図

ハンターマウンテン塩原

P.92 道の駅 湯西川

湯西川温泉駅

葛老山 ▲

エーデルワイススキーリゾート

大入道

P.12 ◄

五十里ダム

鶏頂山

剣ヶ岳

八汐湖

釈迦ヶ岳

中岳

矢板市

川治湯元駅

川治ダム

H 界 川治 P.91

川治湯元駅

日向温泉

南平山

西平岳

湯けむりの里 柏屋 H
P.91

柏屋ホテル前

川治見晴らし台

川治温泉駅

日蔭温泉

土上平牧場

鬼怒川 P.10

龍王峡駅

栗山ダム

龍王峡 ★
P.20

月山

新藤原駅

東荒川ダム

鬼怒川三龍峡ロープウェイ

会津西街道

西荒川ダム

今市ダム

121

鬼怒川温泉駅

塩谷町

鬼怒川

東武ワールドスクウェア駅

★ 東武ワールドスクウェア P.90

東武鬼怒川線

小佐越駅

P.90 EDO WONDERLAND ★
日光江戸村

新高徳駅

日光市

船生バイパス

鬼怒川CC

湧水の郷しおや

461

日光街道ニコニコ本陣

S 日光鱒鮨本舗 P.81

大桑駅

鬼怒川

東照温泉

P.84 片山酒造 S

P.73 松月氷室 C

121 121

日光北街道

そば処 報徳庵 R
P.71

R 玄蕎麦 河童 P.71

461

日光IC

東武日光線

上今市駅

名野山

大谷川

日光線

日光線

大谷向駅

S 渡邊佐平商店 P.84

下今市駅

P.70 小休止 のうか R ►

日光杉並木街道 ★
P.21

今市IC

今市駅

119

日光街道

日光宇都宮道路

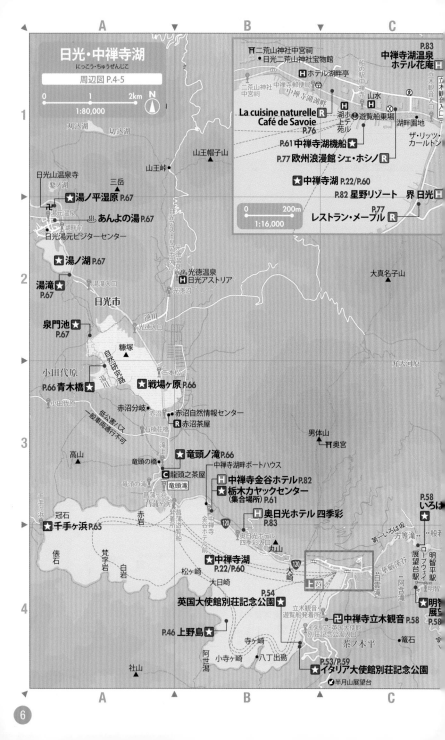

日光・中禅寺湖
にっこう・ちゅうぜんじこ

周辺図 P.4-5

0 1 2km
1:80,000
N

A　B　C

中禅寺湖温泉 P.83
ホテル花庵 H

二荒山神社中宮祠
日光二荒山神社宝物館
ホテル湖畔亭
二荒山神社
中宮祠
中禅寺郵便局
中禅寺湖畔
山水 H
立木観音入口

La cuisine naturelle R
Café de Savoie P.76

湖ホ上デ
苑ル
遊覧船乗場
湖畔園地
ザ・リッツ・
カールトン

P.61 中禅寺湖機船 ★

P.77 欧州浪漫館 シェ・ホシノ R

★**中禅寺湖** P.22/P.60

P.82 星野リゾート 界 日光 H

0 200m
1:16,000

レストラン・メープル R P.77

山王帽子山

刈込湖
切込湖

日光山温泉寺
卍 ★**湯ノ平湿原** P.67
湯元温泉
卍
日光湯元ビジターセンター
♨ **あんよの湯** P.67

三岳 ▲
山王峠

★**湯ノ湖** P.67

★**湯滝** P.67

大真名子山 ▲

日光市

H 光徳温泉
日光アストリア
光徳沼

泉門池 ★ P.67
光徳入口

糠塚 ▲
自然研究路

小田代原
P.66 青木橋 ★
★**戦場ヶ原** P.66
小田代原

一本松
赤沼分岐
赤沼
低公害バス
一般車両通行不可
石楠花橋
R **赤沼自然情報センター**
★ **赤沼茶屋**

男体山 ▲
卍 奥宮

高山 ▲

滝上
竜頭の橋
★**竜頭ノ滝** P.66
竜頭之茶屋 C
竜頭の滝
竜頭滝

中禅寺湖畔ボートハウス
H **中禅寺金谷ホテル** P.82
★**栃木カヤックセンター**
（集合場所）P.61

H **奥日光ホテル 四季彩** P.83

奥日光ホテル
四季彩入口

丸山 ▲

P.58 ★
いろは

千手ヶ浜
冠石
俵石
梵字石
白岩
★**千手ヶ浜** P.65

赤岩
菖蒲ヶ浜
発着所
菖蒲遊覧船
松ヶ崎
大日崎

金谷ホテル
中禅寺
120
大崎
上図
120
中

第一いろは坂
方等滝
般若滝
明智平駅
ロープウェイ
展望台駅
華厳渓谷

明智平
展望
P.58
P.58

★**中禅寺湖** P.22/P.60

P.54
英国大使館別荘記念公園 ★

立木観音
遊船発着所
イタリア・英国大使館
別荘記念公園入口
茶ノ木平

白雲滝
阿含滝

P.46 上野島 ★

卍 **中禅寺立木観音** P.58

寺ヶ崎
阿世潟
小寺ヶ崎
八丁出島

P.53/P.59
★**イタリア大使館別荘記念公園**

社山 ▲
半月山展望台

6

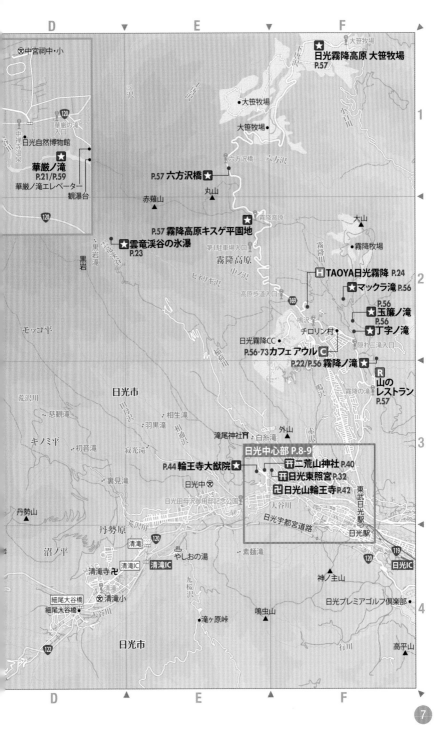

⊗中宮祠中・小

日光霧降高原 大笹牧場 P.57

華厳ノ滝入口
中禅寺湖畔
日光自然博物館

大笹牧場

大笹牧場

★華厳ノ滝
P.21/P.59
華厳ノ滝エレベーター
観瀑台

P.57 六方沢橋 ★

赤薙山　丸山

大山

P.57 霧降高原キスゲ平園地 ★

霧降牧場

★雲竜渓谷の氷瀑
P.23

第1駐車場入口

黒岩滝
黒岩

霧降高原
ヒネリギ沢
中ノ沢

H TAOYA日光霧降 P.24

★マックラ滝 P.56

P.56
★玉簾ノ滝
P.56
★丁字ノ滝

モッコ平

高原歩道入口

169
鳴沢

日光霧降CC
P.56・73 カフェアウル C

チロリン村

隠れ三滝入口

P.22/P.56 霧降ノ滝 ★

R 山の
レストラン
P.57

荒沢川

日光市

相生滝
羽黒沢

滝尾神社 白糸滝

外山
赤薙

慈観滝

キノミ平 ・初音滝

寂光滝

裏見滝

滝尾神社 ⊗白糸滝

日光中心部 P.8-9

P.44 輪王寺大猷院 ★

日光中 ⊗

日光田母沢御用邸記念公園

二荒山神社 P.40

日光東照宮 P.32

日光山輪王寺 P.42

東武日光駅

大谷川

丹勢山

日光宇都宮道路

日光駅

丹勢原

荒沢川

清滝 120

清滝IC 清滝IC

やしおの湯

素麺滝

沼ノ平

清滝寺 卍

神ノ主山

119

日光IC

細尾大谷橋
細尾大谷橋

清滝小

九桜沢

鳴虫山

日光プレミアゴルフ倶楽部

122

日光市

滝ヶ原峠

高平山

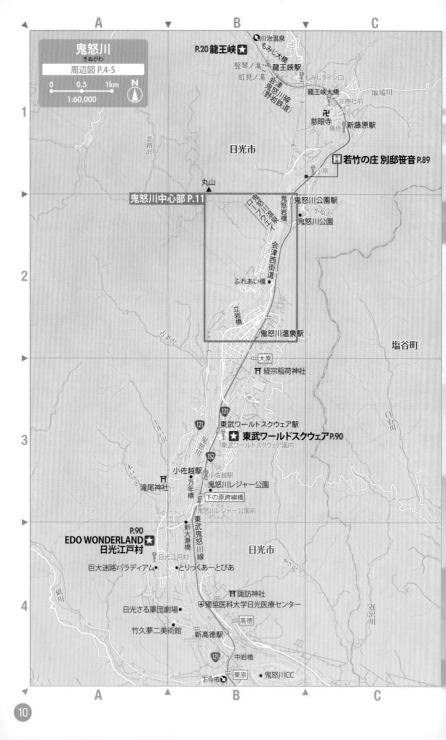

鬼怒川
きぬがわ

周辺図 P.4-5

0　0.5　1km
1:60,000
N

P.20 龍王峡 ★
川治温泉
もみじ大橋
竪琴ノ滝　龍王峡駅
虹見ノ滝　会津鬼怒川線(野岩鉄道)
もみじライン入口
龍王峡大橋
塩場川
三神社前
新藤原駅
慈眼寺
藤原
日光市
若竹の庄 別邸笹音 P.89
小原
丸山

鬼怒川中心部 P.11

鬼怒三龍原ロープウェイ
鬼怒川公園駅
小原沢
鬼怒川若橋
鬼怒川公園駅
鬼怒川公園

会津西街道

ふれあい橋

立岩橋

鬼怒川温泉駅

塩谷町

大原
経宗稲荷神社

白井川

121
東武ワールドスクウェア駅
★ 東武ワールドスクウェア P.90
東武ワールドスクウェア園内

352
小佐越駅
小佐越駅
滝尾神社　万年橋
鬼怒川レジャー公園
下の原跨線橋
鬼怒川レジャー公園前

東武鬼怒川線

P.90
EDO WONDERLAND
日光江戸村
新大瀞橋
日光江戸村
巨大迷路パラディアム●　●とりっくあーとぴあ

日光市

諏訪神社
獨協医科大学日光医療センター
日光さる軍団劇場●
高徳
竹久夢二美術館●
新高徳駅

121
中岩橋
下今市　東原　●鬼怒川CC

渇沢川

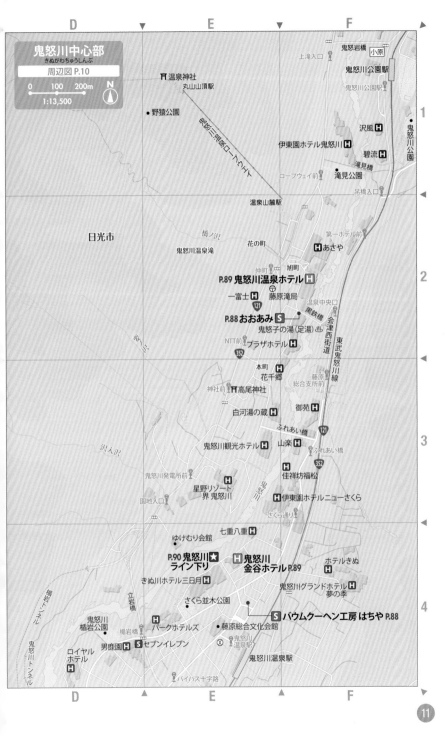

鬼怒川中心部
きぬがわちゅうしんぶ

周辺図 P.10

0　100　200m
1:13,500

N

日光市

温泉神社
丸山山頂駅

野猿公園

鬼怒川三河温泉ロープウェイ

上滝入口

鬼怒岩橋　小原

鬼怒川公園駅

鬼怒川公園駅

沢風 H

伊東園ホテル鬼怒川

碧流 H

滝見橋

滝見公園

ロープウェイ前

呂橋入口

温泉山麓駅

橋ノ沢

鬼怒川温泉滝

花の町

第一ホテル前

H あさや

仲町　旭町

P.89 鬼怒川温泉ホテル H

一富士 H　藤原滝局

黒鉄橋

温泉中央口

P.88 おおあみ S

鬼怒子の湯（足湯）

会津西街道

NTT前　プラザホテル H

東武鬼怒川線

本町　花千郷 H

神社前　高尾神社

総合支所前

白河湯の蔵 H

御苑 H

ふれあい橋

鬼怒川観光ホテル H

山楽 H

ふれあい橋

鬼怒川発電所前

佳祥坊福松 H

星野リゾート
界 鬼怒川

H 伊東園ホテルニューさくら

園地入口

さくら通り

七重八重 H

ゆけむり会館

P.90 鬼怒川 ★
ライン下り

H 鬼怒川
金谷ホテル P.89

ホテルきぬ H

きぬ川ホテル三日月 H

鬼怒川グランドホテル H
夢の季

さくら並木公園

S バウムクーヘン工房 はちや P.88

鬼怒川
楯岩公園

楯岩橋　H
パークホテルズ

藤原総合文化会館

鬼怒川
温泉駅

鬼怒川楯岩トンネル

立岩橋

男鹿園 H S セブンイレブン

鬼怒川温泉駅

ロイヤル
ホテル

鬼怒川トンネル

バイパス十字路

沢入沢

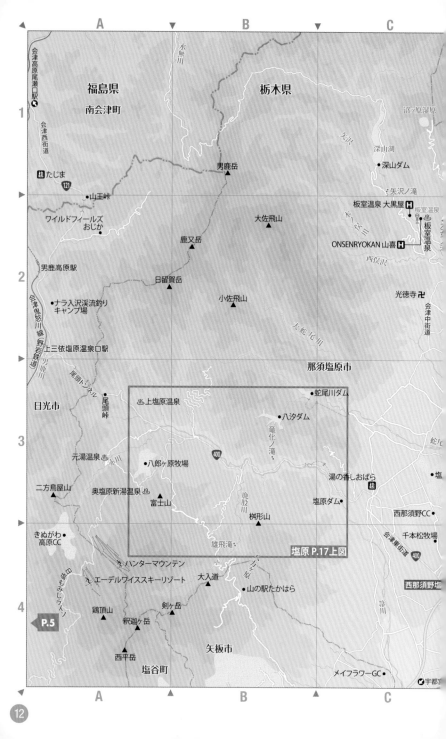

福島県

南会津町

栃木県

那須塩原市

日光市

矢板市

塩谷町

会津高原尾瀬口駅

会津西街道

たじま 121

水無川

男鹿岳

山王峠

ワイルドフィールズ
おじか

鹿又岳

大佐飛山

男鹿高原駅

日留賀岳

ナラ入沢渓流釣り
キャンプ場

小佐飛山

上三依塩原温泉口駅

会津鬼怒川線

尾頭トンネル

尾頭峠

上塩原温泉

蛇尾川ダム

八汐ダム

竜化ノ滝

元湯温泉

八郎ヶ原牧場

400

二方鳥屋山

奥塩原新湯温泉

富士山

鹿股川

湯の香しおばら

塩原ダム

桝形山

きぬがわ
高原CC

塩原もみじライン

ハンターマウンテン

エーデルワイススキーリゾート

大入道

雄飛滝

塩原 P.17上図

西那須野CC

千本松牧場

会津東街道

400

西那須野塩

鶏頂山

釈迦ヶ岳

剣ヶ岳

山の駅たかはら

P.5

西平岳

矢板市

塩谷町

メイフラワーGC

宇都宮

深山湖

深山ダム

矢沢

矢沢ノ滝

板室温泉 大黒屋 H

板室温泉

ONSENRYOKAN 山喜 H

板室温泉

西俣沢

大蛇尾川

光徳寺 卍

会津中街道

沼ッ原湿原

蛇尾

塩

12

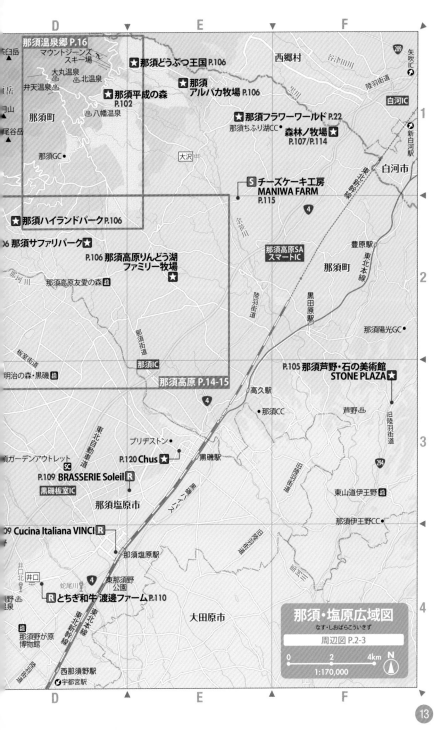

那須温泉郷 P.16
マウントジーンズ
スキー場
臼岳
大丸温泉
弁天温泉
那須町
八幡温泉
那須GC•

★那須どうぶつ王国 P.106
西郷村

★那須
アルパカ牧場 P.106

★那須平成の森
P.102

★那須フラワーワールド P.22
那須ちふり湖CC•
森林ノ牧場 ★
P.107/P.114

大沢

矢吹IC 289

陸羽街道

白河IC

新白河IC

1

白河市

S チーズケーキ工房
MANIWA FARM
P.115

★那須ハイランドパーク P.106

那須サファリパーク ★
P.106 那須高原りんどう湖
ファミリー牧場 ★

那須高原友愛の森 📷

那須高原SA
スマートIC

豊原駅
東北本線

那須町

黒田原駅

那須陽光GC•

2

那須街道

那須IC

板室街道

明治の森・黒磯 📷

那須高原 P.14-15

4

P.105 那須芦野・石の美術館
STONE PLAZA ★

高久駅

•那須CC

芦野

旧陸羽街道

294

東山道伊王野 📷

那須伊王野CC•

3

東北自動車道

ブリヂストン•

P.120 Chus ★

黒磯駅

須ガーデンアウトレット SC
P.109 BRASSERIE Soleil R

黒磯板室IC

那須塩原市

09 Cucina Italiana VINCI R

那須塩原駅

井口

井口

那須塩原市

蛇尾川

4

東那須野
公園

R とちぎ和牛 渡邊ファーム P.110

大田原市

那須・塩原広域図
なす・しおばらこういきず

那須野が原
博物館

西那須野駅

宇都宮駅

周辺図 P.2-3

0 2 4km

1:170,000

N

那須町

P.117 **BAKERY PENNY LANE** R

P.106 **那須ハイランドパーク** ★
H TOWAピュアコテージ

●那須ハイランドGC

那須高原 清流の里 P.
★

H フォレストヒルズ
コテージ
ルナガーデン那須 H

P.107
那須高原HERB's ★

P.106 **那須サファリパーク**

柳沢鉱泉

●那須フィッシュランド

那珂川

●那須高原アウトドアーパーク
リバーガーデン

グリーンレストハウス H

那須高原大橋

子安地蔵

穴沢農協前

●ハーレー牧場

穴沢東

NAOZO S

板室街道

笠木入口

戸田水辺公園
戸田調整池

戸田

戸田

横断道路

開拓事業所前

板室街道

那須高原
なすこうげん

周辺図 P.12-13

0   0.5   1km

1:50,000   N

●明治の森記念館(青木周蔵別邸)
明治の森・黒磯

青木別荘前

●青木ゴルフ/

S パン工房 ドリーム P.116

那須高原保育園入口
• 那須国際CC

R イタリア料理 ジョイア・ミーア 那須本店
P.116

H 東急ハーヴェストクラブ那須

H ヴィラージュ那須高原

高湯入口

ジョイア・ミーア前
那須野牧場 •
那須ステンドグラス美術館

アジアンオールド
バザール
S ファミリーマート
戦争博物館
守子坂
アスイート

★ 那須ステンドグラス美術館 P.105

ロワジール那須入口

H 那須ノ宿 縁 P.118

⊗ 那須高原小
池田

R ダイニングカフェ ボリジ P.113

ファミ
入口
上新屋

P.111 囲炉裏料理 与一 R

S セブンイレブン
ファミリーロード入口

多蔵沢川

P.105 ガラスの芸術
エミール ガレ美術館 ★

ホテルエピナール那須
新屋
那須中 ⊗
ウェルネスの森那須

トレジャー
ストーンパーク

那須テディベア・ミュージアム

C コミュニティガーデン
那須倶楽部 P.112

• 那須テディベアミュージアム

那須町

H ホテル森の風 那須 P.119

⊗ 広谷地
広谷地
P.116
S 鳳鳴館 扇屋

• 那須オルゴール
美術館

★ 那須高原りんどう湖ファミリー牧場 P.106

ロイヤルホテル
那須
• 那須りんどう湖ファミリー牧場

西川

友愛の森
那須高原友愛の森
• 25那須ゴルフガーデン

H りんどう湖ロイヤルホテル

R なすとらん P.111

御富士山 ▲
P.107

那須街道

ファミリーパーク
那須高原
★ 那須とりっくあーとぴあ

★ 那須ワールドモンキーパーク P.106

• 那須ワールドモンキーパーク

R A・COWHERD
P.110

C カフェ&
ガーデン
しらさぎ邸
P.113

那須
とりっくあーとぴあ

S 大日向マルシェ P.120

3 Cafe Facile C

R natural restaurant OURS DINING P.108

⊘
白河
IC

チーズガーデン前
S チーズガーデン那須本店

S 今牧場 チーズ工房 P.115

S セブン
イレブン
田代
トリックアートの館

• 那須クラシックカー博物館

GOOD NEWS ● — GOOD NEWS

田代友愛小 ⊗
田代友愛小 ⊗
S Bagel que-veau P.117

コビスガーデン カフェ C
コビスガーデン S

お菓子の城
• お菓子の城那須ハートランド

キングハム・3Dメルヘン水族館 •

須塩原市

• 上松子
セブンイレブン S

那須IC

那須街道

下松子

東北自動車道

ヘアピンカーブ

桜久保

弓落

❹

⊘ 宇都宮IC

那須温泉郷
なすおんせんきょう

周辺図 P.12-13

0　0.5　1km
1:50,000
N

P.103 駒止の滝観瀑台 ★

マウントジーンズ
スキー場

P.106 那須どうぶつ王国 ★

飯盛山 ▲

那須ロープウェイ
山頂駅

那須ロープウェイ
山麓駅

那須ロープウェイ

大丸温泉

北温泉

駒止の滝

★ 駒止の丘 P.102

余笹川

那須町

那須温泉ファミリースキー場

弁天東口

白戸川

弁天温泉

北温泉入口

★ 那須平成の森 P.102
・フィールドセンター

P.107 KPS 那須高原
パラグライダースクール ★

休暇村那須

休暇村
那須

中曽根

★ ぐねぐねの道 P.103

澄空亭

八幡温泉

★ 八幡つつじ群落 P.20

あだたら山

なす自然の家

おおるり山荘 H

展望台上

恋人の聖地

つつじ吊橋

つつじ吊橋入口

那須高原

・諸石

殺生石

温泉神社 ⊤

ビジター
センター入口

那須湯本温泉

那須GC

那須湯本温泉

湯本1丁目

R リストランテ
ラ・ヴィータ・エ・ベッラ P.108

H 那須別邸 回 P.119

S あまたに
チーズ工房 P.114

湯本旭町

扇屋総本店 S

仲町

新那須

新那須温泉

山水閣 H

山水閣入口

H R&S那須ワン

・那須御用邸

H
ラフォーレ那須

タム! H

藤城清治美術館

美術館
藤城清治
美術館入口

美山 H

一軒茶屋前

南ヶ丘

⊗
S セブンイレブン

R 瑞穂蔵 P.109

一軒茶屋南

キングハム S
P.115

★ 那須高原
南ヶ丘牧場
P.107/P.114

渓流パーク

那須国際CC ・

ロイヤル
ロード

H ペペロッソ

ベニーレイン那須入口

S パン工房 ドリーム P.116

那須高原保育園入口

P.117 BAKERY PENNY LANE R

高湯入口

P.105
★ 那須ステンドグラス
美術館

那須町

TOWAピュアコテージ H

高雄股川

P.116 イタリア料理 R
ジョイア・ミーア 那須本店

ジョイア・ミーア前

那須街道

那須野
牧場

那須ステンド
グラス
美術館

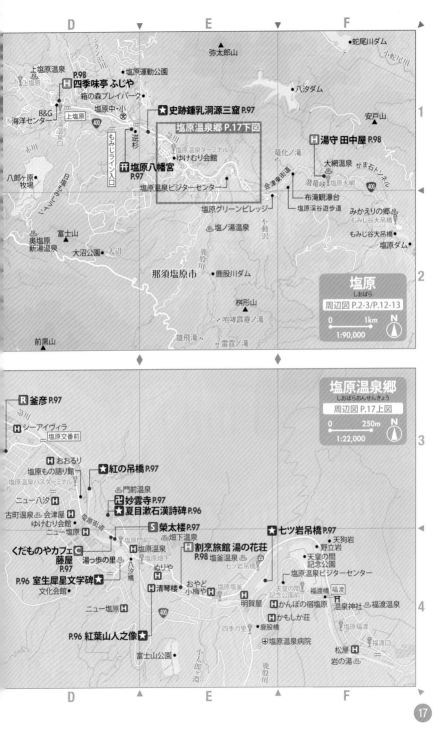

塩原 (しおばら)

周辺図 P.2-3/P.12-13

0 ── 1km
1:90,000

塩原（上図）

弥太郎山
蛇尾川ダム
小蛇尾川
上塩原温泉 P.98
四季味亭 ふじや P.98
箱の森プレイパーク
塩原運動公園
塩原中・小
八汐ダム
安戸山
B&G
海洋センター
上塩原
史跡鍾乳洞源三窟 P.97
塩原温泉郷 P.17下図
塩原温泉ターミナル
ゆけむり会館
湯守 田中屋 P.98
逆杉
赤川
400
竜化ノ滝
もみじライン入口
塩原八幡宮 P.97
大網温泉
かま石大トンネル
潜竜峡塩原大網
塩原温泉ビジターセンター
布滝観瀑台
400
八郎ヶ原牧場
塩原グリーンビレッジ
塩原渓谷遊歩道
みかえりの郷
もみじ谷大吊橋
富士山
塩ノ湯温泉
もみじ谷大吊橋
奥塩原新湯温泉
不動沢
塩原ダム
大沼公園
天沼
那須塩原市
鹿股川
鹿股川ダム
富士山
桝形山
前黒山
咆哮霹靂ノ滝
雄飛滝
雷霆ノ滝

塩原温泉郷 (しおばらおんせんきょう)

周辺図 P.17上図

0 ── 250m
1:22,000

釜彦 P.97
湯川
シーアイヴィラ
塩原交番前
おおるり
塩原もの語り館
紅の吊橋 P.97
塩原温泉バスターミナル
門前温泉
ニュー八汐
妙雲寺 P.97
古町温泉 会津屋
夏目漱石漢詩碑 P.96
ゆけむり会館
ニュー塩原
榮太楼 P.97
七ツ岩吊橋 P.97
塩原門前
畑下温泉
天狗岩
くだものやカフェ
塩原温泉
割烹旅館 湯の花荘
野立岩
藤屋 P.97
塩原畑下
P.98 塩釜温泉
天皇の間記念公園
湯っ歩の里
ぬりや
七ツ岩吊橋
塩原温泉ビジターセンター
P.96 室生犀星文学碑
八汐橋
清琴楼
おやど小梅や
天皇の間記念公園前
福渡
文化会館
塩原塩釜
福渡橋
温泉神社 福渡温泉
ニュー塩原
明賀屋
福渡
400
かんぽの宿塩原
P.96 紅葉山人之像
かもしか荘
塩原福渡
四季の里
鹿股橋
富士山公園
塩原温泉病院
福渡口
松屋
小太郎ヶ淵
鹿股川
岩の湯

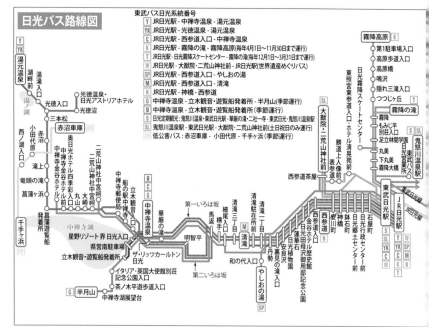

日光バス路線図

東武バス日光系統番号
Y　JR日光駅 - 中禅寺温泉・湯元温泉
YK　JR日光駅 - 光徳温泉・湯元温泉
C　JR日光駅 - 西参道入口 - 中禅寺温泉
K　JR日光駅 - 霧降の滝 - 霧降高原(毎年4月1日〜11月30日まで運行)
T　JR日光駅 - 日光霧降スケートセンター - 霧降の滝(毎年12月1日〜3月31日まで運行)
W　JR日光駅 - 大献院・二荒山神社前 - JR日光駅(世界遺産めぐりバス)
SP　JR日光駅 - 西参道入口 - やしおの湯
M　JR日光駅 - 西参道入口 - 清滝
N　JR日光駅 - 神橋 - 西参道
G　中禅寺温泉 - 立木観音・遊覧船発着所 - 半月山(季節運行)
U　中禅寺温泉 - 立木観音・遊覧船発着所(季節運行)
　　日光定期観光:鬼怒川温泉・東武日光駅・華厳の滝・二社一寺・東武日光・鬼怒川温泉
SL　鬼怒川温泉 - 東武日光駅 - 大献院・二荒山神社前(土日祝日のみ運行)
　　低公害バス:赤沼車庫 - 小田代原 - 千手ヶ浜(季節運行)

※一部バス停は省略しています

鬼怒川・奥鬼怒バス路線図

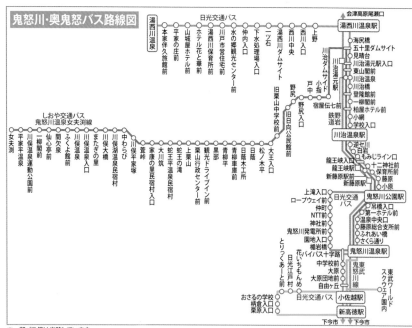

※一部バス停は省略しています

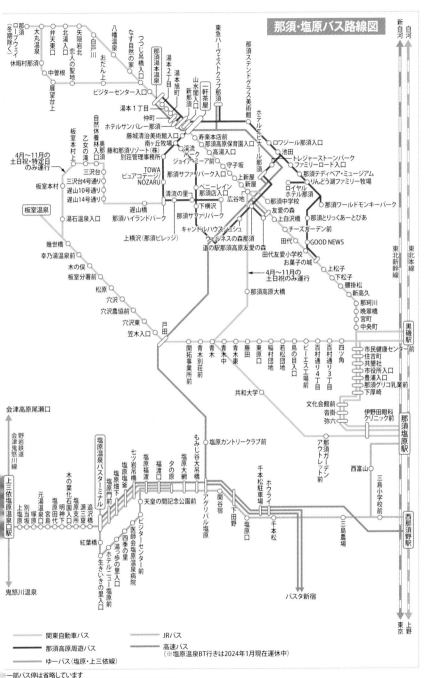

那須・塩原バス路線図

関東自動車バス　JRバス　那須高原周遊バス　高速バス（※塩原温泉BT行きは2024年1月現在運休中）　ゆーバス（塩原・上三依線）

※一部バス停は省略しています
那須高原周遊バスは冬期に停留所が変更になる場合があります

19

とりはずして使える

MAP

付録 街歩き地図

日光
那須・塩原

おとな旅
プレミアム
PREMIUM

TAC出版
TAC PUBLISHING G

切り取り線

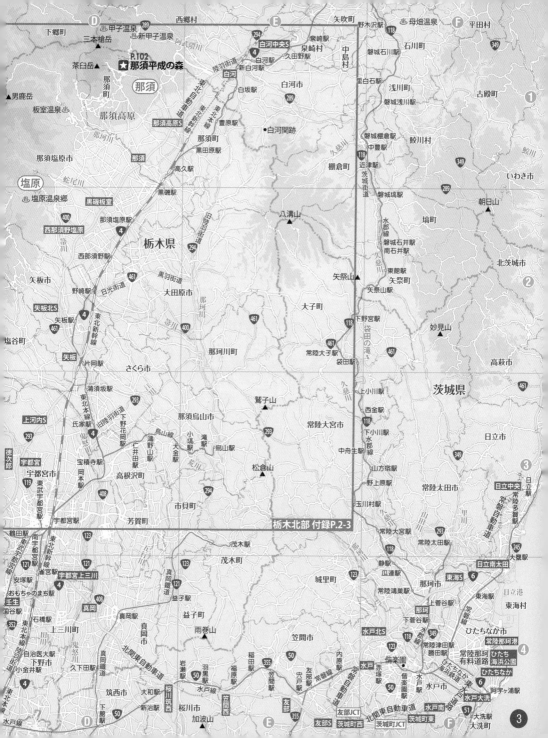

あなただけの
プレミアムな
おとな旅へ!
ようこそ!

SHOPPING

日光東照宮の
名彫刻に
ちなんだ
人形焼

みしまや　➡ P.78

NIKKO NASU SHIOBARA
日光 那須・塩原

湖と森が囁き陽明門が歌う
静寂の歓楽、賑わいの聖地

石の大鳥居をくぐり、日光東照宮に入る。五重塔を眺め三猿を仰ぎ見、化粧直しを終えて燦然と輝く陽明門の前にたたずむ。そこで参拝を終えた気になるが、どうして日光山内は広大だ。古刹があった場所に家康を祀って東照宮が建ち、山内が整った。世界遺産を巡るには体力がいる。一方、奥日光には中禅寺湖があり、見逃すわけにはいかない。明治初期に外国人が出かけて開けた、ハイカラな別荘地だ。水辺の涼風は、山内での疲れを癒やしてくれるだろう。

数多の著名人が宿泊した重厚感漂う名門ホテル

日光金谷ホテル ➡ P.51

豪華絢爛な社殿を構える地で
家康にならい平和を願う

徳川家康が眠る
霊験あらたかな聖地
日光東照宮

湖畔の景色が
鏡のように水面
に反射する

湯ノ湖 ➡ P.67

イタリア大使館別荘記念公園で、モダニズム建築の美しさに見惚れる

外交官が愛した奥日光で
悠然と涼をとる

中禅寺湖のほとりで
男体山を眺めながら
余暇を楽しむ

二手に分かれた
滝が轟々と
流れ落ちる

竜頭ノ滝 ➡ P.66

GOURMET

地元で採れた
高原野菜が
味わえる「那須
の内弁当」

休暇村那須 ➡ P.111

鮮やかなチューリップが
春を彩る那須フラワーワールド

那須高原の爽やかな風を感じ
五感をくすぐる優雅な旅を

GOURMET

季節の花が咲く
庭を眺めながら
ティータイム

コピスガーデン カフェ ➡ P.112

ART

中世の貴族の
館をモチーフに
した美術館

那須ステンドグラス美術館
➡ P.105

おとな旅プレミアム 日光
PREMIUM 那須・塩原

CONTENTS

特集

日光

● 本書中のデータは2024年2月現在のものです。料金、営業時間、休業日、メニューや商品の内容などが、諸事情により変更される場合がありますので、事前にご確認ください。

● 本書に紹介したショップ、レストランなどとの個人的なトラブルに関しましては、当社では一切の責任を負いかねますので、あらかじめご了承ください。

● 営業時間、開館時間は実際に利用できる時間を示しています。ラストオーダー(LO)や最終入館の時間が決められている場合は別途表示してあります。

● 休業日に関しては、基本的に定休日のみを記載しており、特に記載のない場合でも年末年始、ゴールデンウィーク、夏季、旧盆、保安点検日などに休業することがあります。

● 料金は消費税込みの料金を示していますが、変更する場合がありますのでご注意ください。また、入館料などについて特記のない場合は大人料金を示しています。

● レストランの予算は利用の際の目安の料金としてご利用ください。Lがランチ、Dがディナーを示しています。

● 宿泊料金に関しては、「1泊2食付」「1泊朝食付」「素泊まり」については1室2名で宿泊した場合の1名分の料金です。曜日や季節によって異なることがありますので、ご注意ください。

● 交通表記における所要時間、最寄り駅からの所要時間は目安としてご利用ください。

● 駐車場は当該施設の専用駐車場の有無を表示しています。

● 掲載写真は取材時のものであり、特に料理、商品などのなかにはすでに取り扱っていない場合があります。

● 予約については「要予約」(必ず予約が必要)、「望ましい」(予約をしたほうがよい)、「可」(予約ができる)、「不可」(予約ができない)と表記していますが、曜日や時間帯によって異なる場合がありますので直接ご確認ください。

● 掲載している資料および史料は、許可なく複製することを禁じます。

■ データの見方

- ☎ 電話番号
- 所 所在地
- 開 開館時間
- 営 営業時間
- 休 定休日
- 交 アクセス
- P 駐車場
- 客 宿泊施設の客室数
- in チェックインの時間
- out チェックアウトの時間

■ 地図のマーク

- ★ 観光・見どころ
- H 宿泊施設
- 卍 寺院
- 道の駅
- ⛩ 神社
- ♨ 温泉
- ✝ 教会
- バス停
- R 飲食店
- スキー場
- C カフェ・甘味処
- S ショップ
- SC ショッピングセンター

旅のきほん
1

エリアと観光のポイント
日光・那須・塩原はこんなところです

日光の歴史スポット、奥日光の大自然、那須の爽快な高原など、
多彩な旅が楽しめる。まずは各エリアの見どころを理解したい。

歴史と文化が息づく、豊かな自然に囲まれた一大観光地

日光 ➡ P.25

東照宮や輪王寺、二荒山神社
は世界遺産に登録されてお
り、近年はパワースポットと
しても名高い。由緒正しい史
跡を訪れたあとは、華厳ノ滝
や中禅寺湖、戦場ヶ原といっ
た大自然を訪れたい。アク
ティブな旅を楽しみたい人に
は、中禅寺湖でのカヤックや
湖畔ハイキングがおすすめ。

⬆日本三大瀑布のひとつ、華厳ノ滝。
間近で見る滝つぼは迫力満点

⬆霊峰・男体
山と中禅寺湖

⬆高原植物を眺めながら歩く戦場ヶ
原のハイキングも気持ちがいい

⬇日光は日
本の洋食文化の
草分け的存在

⬆東照宮から二荒山神社へ続く上新道は37基の石灯籠が並び厳かな
雰囲気。神聖な気があたりを包み込む

人気スポット	日光山内 ▶ P.28	中禅寺湖 ▶ P.60
	華厳ノ滝 ▶ P.59	戦場ヶ原 ▶ P.66

上質な温泉と四季折々の渓谷美を堪能

鬼怒川・奥鬼怒・塩原 ➡ P.85
きぬがわ・おくきぬ・しおばら

鬼怒川流域には数々の温泉が湧き出ており、
優れた泉質の湯を持つ旅館が立ち並ぶ。と
りわけブナの原生林に囲まれた奥鬼怒は、
秘湯ファンに人気が高い。温泉はそれぞれ
泉質が異なるので、湯めぐりも楽しみ。ま
たライン下りや渓谷散策では、鬼怒川を彩
る季節の花や緑が楽しめる。

⬆舟の上から絶景が眺められる、鬼怒川ライン下り

⬆秋になると見事な紅葉をみ
せる紅の吊橋

⬅奥鬼怒の宿では、大
自然に囲まれた露天風
呂を満喫したい

人気スポット	鬼怒川ライン下り ▶ P.90
	東武ワールドスクウェア ▶ P.90

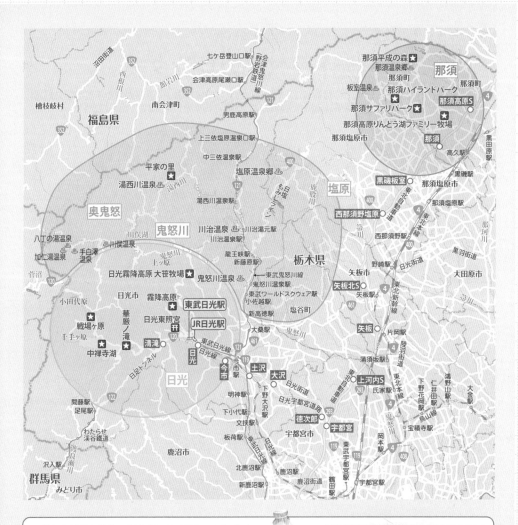

福島県
檜枝岐村
南会津町
沼田街道
西根川
七ヶ岳登山口駅
野岩鉄道会津鬼怒川線
会津高原尾瀬口駅
男鹿高原駅

那須
那須平成の森 ★
那須温泉郷 ♨
那須町
板室温泉 ♨
那須ハイランドパーク
那須サファリパーク ★
那須高原りんどう湖ファミリー牧場
那須町
那須高原S
那須塩原市
那須
高久駅
黒田原駅
黒磯駅

上三依塩原温泉口駅
中三依温泉駅
塩原温泉郷
平家の里 ★
湯西川温泉 ♨
湯西川温泉駅
もみじライン
塩原
黒磯板室
西那須野塩原
西那須野駅
那須塩原
那須塩原駅

奥鬼怒
鬼怒川
川治温泉
川治湯元駅
川治温泉駅
野崎駅
日光街道
黒羽街道

八丁の湯温泉
加仁湯温泉
手白澤温泉
川俣温泉
川俣湖
上三依
龍王峡駅
新藤原駅
東武鬼怒川線
矢板北S
矢板市
矢板駅
東北新幹線
大田原市

栃木県
日光霧降高原 大笹牧場 ★
鬼怒川温泉 ♨
東武ワールドスクウェア駅
小佐越駅
新高徳駅
大桑駅
鬼怒川
矢板
片岡駅
陸羽街道

小田代原
日光市
霧降高原 ★
日光東照宮 卍
清滝
日光
日光線
今市駅
土沢
大沢
上河内S
氏家駅
東北本線

戦場ヶ原
華厳ノ滝
中禅寺湖
手子ヶ沢
日光
東武日光駅
JR日光駅
東武日光線
今市
下野大沢駅
日光街道
日光宇都宮道路
徳次郎
宇都宮
鴻野山駅
仁井田駅
下野花岡駅
烏山駅

間藤駅
足尾駅
わたらせ渓谷鐵道
沢入駅
渋沢瀬川
群馬県
みどり市
明神駅
下小代駅
文挟駅
板荷駅
北鹿沼駅
新鹿沼駅
鹿沼市
鹿沼街道
鹿沼
鶴田駅
宇都宮市
宇都宮駅
岡本駅
宝積寺駅
大金駅

のどかな風景と美食に癒やされる、高原のリゾート地

那須
なす

➡ P.99

茶臼岳の裾野に広がる高原避暑地。酪農が盛んで、乳製品や地元産の和牛、高原野菜など名産品も多い。アルパカとのふれあいや乳搾り体験ができるのも、高原リゾートならでは。趣向を凝らした美術館やアミューズメント施設も数多く、好みに応じた旅のプランニングが可能だ。

↷搾りたての牛乳や、生乳で作る新鮮な乳製品はどれもおいしい

| 人気スポット | 那須平成の森 ▶ P.102
那須ステンドグラス美術館 ▶ P.105 |

↷幻想的なステンドグラスを見ることができる専門美術館も

↷那須高原には観光型の牧場もあり、乳搾りや乳製品の手作り体験ができる

四季折々の自然を楽しむ
日光トラベルカレンダー

日光市内の標高差は2000m以上あり、地域によって天候が変わることもしばしば。
日光や那須は自然の宝庫なので四季の花々をチェックして出かけたい。

1月	2月	3月	4月	5月	6月
一年で最も冷える時期。雪や氷柱が見せる景観も素晴らしい。	気温は0℃を下回る寒い日が続く。積雪にも十分気をつけて。	暦の上では春でも、日光はまだまだ寒い。防寒対策をしっかりと。	桜やカタクリが春の訪れを告げる。朝晩の冷え込みには要注意。	ようやく春らしい陽気に。お祭りなどイベントも多い。	涼しい日が続き、過ごしやすい。山々の新緑も美しい季節。

- 日光の月平均気温（℃）
- 那須高原の月平均気温（℃）
- 日光の月平均降水量（mm）
- 那須高原の月平均降水量（mm）

市街地と山間部では気温の差が大きいので、調節できる服装で

気温は氷点下。マフラーや手袋、厚手の靴下やコートが必要

（グラフの数値）
-1.7 / 57.5 / 52.6 / -3.9
-1.3 / 48.6 / -3.5 / 42.8
2.0 / 108.5 / -0.3 / 101.6
7.8 / 154.4 / 5.1 / 139.6
13.0 / 177.1 / 10.3 / 180.8
16.4 / 228.8 / 14.0 / 220.5

1日
初詣
パワースポットとしても人気が高い日光。東照宮や輪王寺、二荒山神社には、毎年多くの初詣客が訪れる。

下旬～2月下旬
湯西川温泉かまくら祭
河川敷に並ぶ無数のミニかまくらにろうそくが灯り、幻想的な夜景が広がる。昼間はそり滑りや雪遊びなど雪国ならではの遊びを楽しめる。

上旬
鬼怒川温泉招福節まつり
旧正月と節分をお祝いするお祭り。「福はうち、鬼もうち」のかけ声が響き、鬼をテーマとした屋台や体験が開催される。

中旬
中禅寺温泉カマクラまつり
かまくら作りや天然氷スケートが体験できる。夜はキャンドルとイルミネーションでライトアップされロマンティックな雰囲気。

2月1日～3月31日
きぬ姫まつり
3月3日の雛祭りにちなみ、鬼怒川のホテルや旅館などにお雛さまや吊し雛が飾られる。

上旬
鬼怒川温泉さくらまつり
桜の開花に合わせて、鬼怒川温泉駅前で開催される。ステージショーやよさこい音頭のパレードなど、賑やか。

13～17日
弥生祭
1200年もの歴史をもつ、二荒山神社の例祭。大祭当日の17日には、花家体（はなやたい）が繰り出される。

17・18日
日光東照宮春季例大祭
3基の神輿と武者装束姿に扮した人たちが練り歩く「百物揃千人武者行列」がハイライト。流鏑馬などの神事も見もの。

上旬～下旬
塩原温泉ぼたんまつり
古刹・妙雲寺の境内に、3000株以上のボタンが一斉に咲き誇る。日によっては、境内で抹茶席も用意される。

28日
那須波切不動尊火祭り
約1200年前、弘法大師空海によって開かれた那須波切不動尊乗院で、修験者たちによる荒行が執り行われる。

寒紅梅 1月中旬～3月上旬
↑寒紅梅

↑フクジュソウ
フクジュソウ 1月下旬～3月上旬

水仙 3月下旬～4月上旬
↑ヤブツバキ
ヤブツバキ 3月中旬～4月上旬
↑水仙
↑ミズバショウ

桜 4月中旬～下旬
ミズバショウ 4月上旬～下旬
カタクリ 4月上旬～中旬
菜の花 4月中旬～5月中旬

ボタン 5月上旬～下旬
アヤメ 5月中旬～6月中旬
↑アヤメ
ツツジ 5月中旬～下旬

アジサイ 6月中旬～下旬
↓ワタスゲ
ワタスゲ 6月中旬～下旬

↑湯西川温泉かまくら祭

↑塩原温泉ぼたんまつり

↑龍王祭

↑月あかり花回廊

7月	**8**月	**9**月	**10**月	**11**月	**12**月
30℃を超える真夏日になることは少ない。ニッコウキスゲも見頃。	真夏でもエアコンいらず。それでも外出時は日焼け対策を怠らずに。	昼夜の温度差が大きいので、羽織るものを持参して出かけたい。	紅葉シーズン到来。観光客が多く訪れ、交通機関も混み合う。	気候はすっかり冬の様子。山間部では中旬まで紅葉が楽しめる。	厳しい寒さだが、冬景色を楽しみながらの湯浴みもおすすめ。

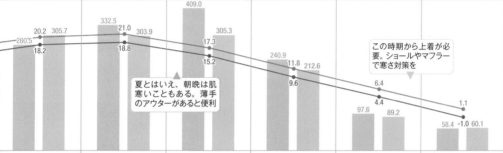

280.5　20.2　305.7　18.2　332.5　21.0　303.9　18.8　409.0　17.3　305.3　15.2　240.9　11.8　212.6　9.6　97.6　6.4　89.2　4.4　58.4　-1.0　60.1　1.1

夏とはいえ、朝晩は肌寒いこともある。薄手のアウターがあると便利

この時期から上着が必要。ショールやマフラーで寒さ対策を

下旬
龍王祭
龍王峡の龍神を祀る神事を皮切りに、鬼怒川・川治の各温泉街で、郷土芸能のステージや神輿の渡御、打ち上げ花火などが催される。

31日～8月7日
男体山登拝大祭
奈良時代から続く、二荒山神社中宮祠の由緒ある祭り。男体山信仰に根ざし、期間中は多くの参拝者が山頂を訪れる。

中旬
鬼怒川・川治温泉夏まつり
夏の風物詩「盆踊り」。鬼怒川温泉では盆踊りのほか、出店や縁日、打ち上げ花火も開催。川治温泉では地元住民と触れ合える「夜祭り」を楽しめる。

上旬
塩原温泉古式湯まつり
温泉の恵みに感謝し、繁栄を祈願する行事。白装束の人々が温泉街を練り歩き、元湯で汲んだ「御神湯」を分湯する。

下旬～10月上旬
月あかり花回廊
鬼怒川で行われる、あかりのイベント。温かなあかりと豊かな自然が、温泉街を美しく演出する。

16・17日
日光東照宮秋季例大祭
年2回行われる、日光東照宮の大祭。春同様、古式ゆかしい「百物揃千人武者行列」や流鏑馬などが見学できる。

下旬～11月中旬
逍遥園ライトアップ
逍遥園は、輪王寺にある江戸時代の日本庭園。期間中は、庭や本堂がLEDライトによって美しくライトアップされる。

上旬
川治温泉紅葉まつり
紅葉の時季に合わせ、川治ふれあい公園で縁日が開かれるほか、黄金橋付近では夜間に仕掛け花火ショーが催される。

31日
採灯大護摩供
一年間の災厄を祓い開運を願う、大晦日の儀式。23時45分から、輪王寺の三仏堂前で山伏が大護摩を焚く。

ホザキシモツケ 7月中旬～8月中旬
ニッコウキスゲ 6月下旬～7月中旬
ユリ 7月下旬～8月下旬
↑ニッコウキスゲ
ノアザミ 7月上旬～8月上旬
ノハナショウブ 7月上旬～下旬　ヒマワリ 8月上旬～下旬

彼岸花 9月上旬～下旬

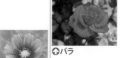
バラ 10月上旬～11月下旬
リンドウ 11月上旬
↑バラ
↑紅葉

↑コスモス
紅葉 10月中旬～11月下旬
コスモス 9月下旬～10月上旬
サザンカ 11月中旬
↑サザンカ
↑ユリ

※月平均気温と月平均降水量は、気象庁発表の1991～2020年の平年値　※開催日は変更されることもありますので、おでかけ前にご確認ください

15

プレミアム滞在モデルプラン

日光・那須
おとなの1日プラン

奈良時代から山岳信仰霊場として栄え、徳川家康公にゆかりのある神聖な名所を訪れる。四季の移ろいが楽しめる中禅寺湖や那須高原も巡りたい。山中にたたずむ燦然たる歴史の旅へ。

↑日光の最大の見どころは、世界遺産登録の日光東照宮。深い森を背景に、絢爛豪華な彫刻を配した社殿から大人の旅を始めたい

日光山内を巡り、歴史の変遷をたどる

荘厳な二社一寺の世界遺産を巡り、老舗リゾートホテルへ。

9:00 東武日光駅	

約10分
東武バス・中禅寺湖方面行きで5分、神橋下車、徒歩5分、または世界遺産めぐり循環バスで12分、勝道上人像前下車すぐ

9:15 神橋

約3分
輪王寺西側に位置する表参道を歩けば、東照宮の石鳥居がすぐに見えてくる。徒歩3分

9:40 日光東照宮

一帯は凛とした空気が漂う

日光山内の玄関口・神橋 から
山内見学は始まる

神橋 →P.29
しんきょう

山あいの峡谷に架かる「はね橋」として、日本随一を誇る古橋。二荒山神社に属し、国の重要文化財に指定されている。

日光山輪王寺 →P.42
にっこうざんりんのうじ

8世紀に勝道上人が創建した四本龍寺が起源とされる。数多の寺院やお堂が点在し、黄金色に輝く3体の仏様が並ぶ。

日光観光の主役、家康公が
眠る 日光東照宮 へ

日光東照宮 →P.32
にっこうとうしょうぐう

徳川家康公を祀る壮麗な霊廟。3代将軍家光公の命により、華麗な彫刻を配した現在の社殿が築かれた。緻密な装飾に注目しつつ、歴史に思いを馳せながら巡りたい。

9:40 日光東照宮

約10分
上新道を歩き、二荒山神社
の大鳥居へ。徒歩10分

11:30 二荒山神社／
輪王寺大猷院

約10分
西参道を歩き日光街道沿い
を歩く。徒歩10分

13:00 日光金谷ホテル

約3分
坂を下るとすぐ。徒歩3分

15:00 門前町

約20分
日光街道を駅へ向かって歩
く。徒歩20分

18:00 東武日光駅

プランニングのアドバイス

二社一寺、日光金谷ホテルなどの
見どころは広範囲に点在するた
め、名所を網羅する「世界遺産め
ぐりバス」(P.30)の利用が便利。
お得な1日バスもある。二社一寺
の境内は石段や起伏が多い。歩き
やすい靴にし、見学時間にも余裕
をもちたい。日光金谷ホテルと東
武日光駅を結ぶ大通りには、みや
げ物店やカフェが多く、片道はバ
スでなく歩いて楽しみたい。

食事のプラン

ランチは日光金谷ホテルのレス
トランなどで伝統の洋食を。夜は
ゆばの会席料理をいただくと、日
光自慢の食が満喫できる。
↓日光の水が生むおいしいゆば
料理や洋食をぜひ味わいたい

パワースポットと
意匠を凝らした 廟 を見学

二荒山神社 ▶P.40
ふたらさんじんじゃ

男体山を御神体山とし、約3400ha の広大
な境内を持つ。パワースポットとして名高
く、開運などのご利益を授かりたい。

輪王寺大猷院 ▶P.44
りんのうじだいゆういん

3代将軍家光公の霊廟。
家光公の遺志により、
東照宮より質素な造り
に。夜叉門の4体の夜叉
像の装飾が見どころ。

国内外の著名人に
愛される 老舗ホテル

日光金谷ホテル ▶P.51
にっこうかなやホテル

明治期創業の老舗リゾートホテル。
宿泊者でなくても、展示室の見学
やレストラン、ギフトショップの
利用は可能なので、ぜひ中へ。

山麓の 門前町 に並ぶ
みやげ物やグルメ

門前町 ▶P.78
もんぜんまち

下鉢石町を中心とする大通りをゆ
っくり散策。甘味処やカフェ、み
やげ物店もある。

17

| 9:30 | 東武日光駅 |

約1時間
東武バス・中禅寺湖方面行
きで50分、船の駅中禅寺下
車すぐ

| 10:30 | 中禅寺湖 |

約15分
東武バス・日光駅行きで10
分、華厳の滝入口下車、徒
歩3分

| 13:00 | 華厳ノ滝 |

約15分
中禅寺温泉のバス停まで歩
き、中禅寺スカイライン半
月山線・半月山行きで5分、
イタリア・英国大使館別荘記
念公園入口下車、徒歩10分

| 14:30 | イタリア大使館
別荘記念公園／
英国大使館
別荘記念公園 |

約1時間
東武バス・日光駅行きで1時
間、東武日光駅下車

| 17:00 | 東武日光駅 |

プランニングのアドバイス

車がなくても、東武バスが各スポット近くの停留所を結んでいるので、バスを活用して巡ることができる。ただし、本数は多くないので、事前にバスの時刻を確認しておきたい。東武日光駅からの日帰りもOK。標高が高いため、朝夕は冷える。夏でも上着を1枚持って出かけたい。

食事のプラン

ランチは、湖畔の眺めのいいレストランで中禅寺湖名物のマス料理を味わいたい。とちぎ和牛を使った洋食店などもある。

湖のほとりで「とちぎ和牛の
ビーフシチュー」が味わえる
レストラン・メープル

奥日光中禅寺湖の自然美を味わう

中禅寺湖周辺の絶景スポットや品格が漂う別荘建築を見学する。

中禅寺湖 で名所を巡る クルージング

中禅寺湖機船 ➡P.61
ちゅうぜんじこきせん

中禅寺湖は日本でいちばん標高が高い湖。高原植物が織りなす景観を湖面から眺めるクルージングは、旅を彩る時間に。新緑や紅葉の時季が特に美しい。

轟音が響く 華厳ノ滝 の雄大な景色

華厳ノ滝 ➡P.59
けごんのたき

高さ約97mの岩壁を轟音とともに流れ落ちる水の眺めが圧巻。滝つぼを見られる観瀑台もある。

国際的避暑地 の往時の 面影をたどる

イタリア大使館別荘記念公園 ➡P.53
イタリアたいしかんべっそうきねんこうえん

かつてのイタリア大使の別荘と庭園を整備して一般公開。和洋折衷の美しい館と緑の庭が印象的だ。

英国大使館別荘記念公園 ➡P.54
えいこくたいしかんべっそうきねんこうえん

2016年から公開されたスポット。英国外交官の個人別荘で、眺望が素晴らしい。

旧御用邸用地を歩き那須の自然を感じる

那須連山の麓で自然の恵みを味わい、美しいステンドグラスを鑑賞。

9:00 那須塩原駅

↓ 約40分
レンタカーを借り、国道4号、
県道344号経由で約30km、37分

9:40 那須平成の森

↓ 約15分
県道240号、17号経由で約7
km、14分

13:00 瑞穂蔵

↓ 約5分
県道21号、ロイヤルロード
経由で約2.3km、4分

15:00 那須ステンドグラス
美術館

↓ 約20分
ファミリーロード、国道4号
経由で約14km、20分

17:00 黒磯駅

那須産の米や味噌も
購入できる

自然散策路 を ハイキング

那須平成の森 ➡P.102
なすへいせいのもり

2011年に那須御用邸の一部
を開放して開園。約560haも
の広大な森が続き、ハイキン
グコースや高原の自然が学
べるガイドウォーク(要予
約)などがある。

趣ある古民家で 高原野菜 に舌鼓

瑞穂蔵
みずほぐら
➡P.109

冷涼な気候で育てられた那須
産のコシヒカリを釜で炊いた
ご飯に、地産地消の野菜や自
家製味噌の味噌汁など、昔懐
かしい田舎料理を提供。

ヨーロピアンな 美術館 を訪問

那須ステンドグラス
美術館
なすステンドグラスびじゅつかん
➡P.105

英国・コッツウォルズ地方
のマナーハウスをもとに
した美術館。19〜20世紀
に英国などで制作された
華麗なステンドグラスの
数々が壁を彩る。

プランニングのアドバイス

見どころが広範囲にわたるので、
車での移動が最適。高原の風を感
じながらのドライブも楽しめる。
那須どうぶつ王国などの動物テー
マパークを加えるなら、プラス
1日をみるほうが満足度が高い。
人気の朝市に行く場合、季節によ
って開催日に変動があるので、事
前に情報確認を。

食事のプラン

ぜひ味わいたい名物は那須和牛、
高原野菜、フレッシュ牛乳など。
それらがのったランチプレート
「なすべん」を那須町の10軒ほど
の店で提供している。緑の中の高
原カフェも多く、テラス席でのラ
ンチやティータイムも素敵。

春
新緑と花々が芽吹き
山に彩りを添える

山腹を真っ赤に染める
那須高原・春のシンボル

八幡つつじ群落
やはたつつじぐんらく

那須温泉郷 MAP 付録P.16 B-2

ヤマツツジやレンゲツツジなど約20万本のツツジが咲き乱れる。八幡つつじ園地内には散策路が整備されている。

☎ 0287-76-2619（那須町観光協会）
所 那須町湯本 交 東北自動車道・那須ICから車で20分 P あり

自然美のダイナミズムを感じる

四季の色模様に誘われて

風光明媚なリゾート地として発展を遂げた日光・中禅寺湖・那須。
鮮やかな花々、迫力のある瀑布、紅葉に彩られる山々、厳冬の世界。
四季折々の自然が織りなす美しさは、今も昔も訪れる観光客を引き付ける。

5月中旬～下旬にかけて燃えるような赤いツツジが一面に咲き誇る

巨岩と清流がつくり出す
自然美の大パノラマ

龍王峡
りゅうおうきょう

川治温泉 MAP 付録P.10 B-1

龍の姿を彷彿させる迫力ある渓谷。自然研究路を歩き、むささび橋が絶景のハイライト。春の新緑をはじめ、秋の紅葉も美しい。

☎ 0288-22-1525（日光市観光協会）
交 野岩鉄道・龍王峡駅から徒歩3分
P あり

火山岩の浸食により生み出された渓谷美に自然の息吹を感じる

華厳ノ滝 ➡P.59

夏
みずみずしい
自然の輝き

轟く水音が壮大な
高さ約97mの大瀑布

華厳ノ滝
けごんのたき

中禅寺湖 **MAP** 付録P.7 D-1

岸壁を勢いよく流れ落ちる水の迫力と、周囲の自然に心を奪われる。周辺は真夏でも15℃と冷涼。

観瀑台から間近に眺める滝つぼのダイナミックさは圧巻

春/夏

日光東照宮へと続く
世界一長い並木道

日光杉並木街道
にっこうすぎなみきかいどう

日光 **MAP** 付録P.5 D-4

日光街道、日光例幣使街道、会津西街道の3街道の全長37kmにわたり、約1万2000本もの杉の木がそびえ立つ。

☎ 0288-22-1525（日光市観光協会）
✉ 国道119号沿い

樹齢380年を超える杉が現存し、凛とした空気が漂う

21

秋
山や渓谷が錦繍に染まる

赤く染まる紅葉に彩られ、優美に落ちる滝が白く浮き立つ

岸壁の紅葉と滝が織りなすコントラスト

霧降ノ滝 ➡P.56
きりふりのたき

日光 MAP 付録P.7 F-2

白い糸のような滝と周囲の紅葉が溶け合うように山肌の見事な景観をつくり出す。観瀑台から滝の全容が見渡せる。

中禅寺湖 ➡P.60
ちゅうぜんじこ

中禅寺湖 MAP 付録P.6 B-1

周囲約25kmの日光を代表する湖。カヤックなどのアクティビティで、より自然を身近に感じられる。

紺碧の湖面と紅葉の錦絵のような美しさ

中禅寺湖と男体山の雄大な自然を半月山展望台から見下ろす

極彩色の花々が心地よい風に揺られ、秋の訪れを知らせる

なだらかな丘に広がる花でつくられたグラデーション

那須フラワーワールド
なすフラワーワールド

那須高原 MAP 付録P.13 E-1

春のパンジー、ビオラ、初夏のルピナス、夏から秋のヘメロカリス、ケイトウ、ブルーサルビア。那須連山を借景に眺める那須「花の地上絵」は飽きることがない。

☎0287-77-0400 ㊟那須町豊原丙那須道下5341-1 ㊟9:00～17:00 ㊟11月～4月下旬、営業期間中は無休 ㊟300～1000円(開花状況により変動) ㊟JR黒磯駅から車で40分 ㊟250台

冬

静謐なる
白銀の世界

数百個のミニかまくらが
現出する幻想的な日本の心

秋／冬

白銀の世界に灯されたろうそく
が里山を温かく照らす

湯西川温泉かまくら祭
ゆにしがわおんせんかまくらまつり

湯西川温泉 **MAP** 付録P.4 C-1

湯西川温泉街で1月下旬から2月下旬に
かけて開催する。大小さまざまなかま
くらが並び、夜はライトアップされる。

☎0288-22-1525(日光市観光協会)
🚌東武・鬼怒川温泉駅から東武線／野岩鉄道で45
分、湯西川温泉駅下車、日光交通バス・湯西川温泉
行きで25分、湯西川温泉下車、徒歩10分

アイスブルーに輝く
自然がつくり出したアート

巨大な氷瀑がそびえ立ち、神秘
的な氷の世界が広がる

雲竜渓谷の氷瀑
うんりゅうけいこくのひょうばく

奥日光 **MAP** 付録P.7 D-2

山肌に流れ落ちる落差約100mの雲竜瀑が、厳
寒によって幾重もの氷柱をつくり、ひとつの作
品を生み出す自然の造形美。

☎0288-22-1525(日光市観光協会)
🚗日光宇都宮道路・日光ICからゲートまで車で20分、氷瀑ま
ではトレッキングで約2時間30分 ※ヘルメットやアイゼンなど
の冬山登山の装備のうえで、ガイド付きツアーに参加したい

ニュース＆トピックス

美しい自然が残る、避暑地としても名高い日光。ロケーション抜群のリゾートホテルや、贅沢な設備が充実したプライベートヴィラ、センスが光る一品が揃うセレクトショップなど、最新情報をご紹介。

標高約1000mの 温泉リゾートホテル で贅沢な滞在を満喫

霧降高原の雄大な自然美を感じられる展望露天風呂

2023年4月リブランドオープン

TAOYA日光霧降
タオヤにっこうきりふり

眼下に霧降高原を見下ろすインフィニティ露天風呂やオールインクルーシブのサービスで、非日常のひと時を過ごせる温泉リゾートホテル。

所野 MAP 付録 P.7 F-2

☎050-3538-5735　所日光市所野1535-1
交日光ICから車で25分　P110台　in
15:00　out10:00　室98室　予算1泊2食
付2万5500円〜

オールインクルーシブのサービスを提供する暖炉ラウンジで極上のひと時を

設備充実・アクセス良好！ 一棟貸しのヴィラ が登場

各棟にプライベートサウナを設置

人気インテリアショップ「アルモニア」のアイテムを試すことができる泊まれるショールーム（1棟限定）。気に入った家具は「楽天市場」で購入できる

テラス付きの庭で愛犬ものびのび過ごせる

2023年12月オープン

Rakuten STAY VILLA 日光
ラクテン ステイ ヴィラ にっこう

一棟貸し切りのヴィラ型宿泊施設。各棟には天然温泉の浴室やサウナ、外気浴デッキ、テラス付きの庭、プロジェクターなどを完備。家族やグループで贅沢にくつろげる。

所野 MAP 付録 P.9 F-2

☎なし　所日光市所野1550-6　交JR・東武日光駅から車で5分　P36台
in15:00　out10:00　室21室　予算1泊2食付1棟5万4000円〜（4名利用時）

日本の魅力を発信する ビームスジャパン が日光にオープン！

ビームス ジャパン 日光
ビームスジャパンにっこう

ビームス ジャパンが地元事業者と開発した店舗限定の商品や、厳選された銘品などを販売。伝統工芸の日光彫や鹿沼箒などの技術を活かした商品にも注目。

日光山内 MAP 付録 P.8 B-2

☎0288-25-5028　所日光市日光山内
2287　営10:00〜17:00（12〜3月は〜
16:00）　休不定休　交JR・東武日光駅
から東武バス・中禅寺湖方面行きで7分、
西参道下車、徒歩10分　Pなし

2023年4月オープン

ここでしか買えない店舗限定商品も多数

▶MOMIJIKA×ビームスジャパン 日光 ポーチ　6380円

▶ビームスジャパン 日光ロゴ サコッシュ3850円

◀五十嵐漆器店 × ビームスジャパン 日光三猿 6930円

OTONATABI
Nikko

日光

❖

歴史を偲ぶ荘厳な社寺と、
クラシカルな建築物、
澄みきった空気に
四季折々の美しい大自然。
日光には、何度訪れても
飽きることのない
魅力があふれている。

世界遺産を
擁する文化と
自然を楽しむ

旅のきほん

エリアと観光のポイント

日光はこんなところです

日光東照宮をはじめとする世界遺産エリア、自然豊かな中禅寺湖や霧降高原が
点在する。戦場ヶ原などがある奥日光は人気のハイキングコースだ。

日光

日光を代表する観光地

日光山内　➡ P.28
にっこうさんない

世界遺産にも登録されている東照宮、
二荒山神社、輪王寺が厳かにたたずむ。
参道をはじめ、日光駅から日光山内の
入口である神橋までの通りにも、みや
げ店や飲食店が軒を連ねる。

**観光の
ポイント** 見どころが多く時間がかかる。
計画を立てて出かけたい

眺めの良い湖畔の避暑地

中禅寺湖　➡ P.60
ちゅうぜんじこ

日光富士と形容される、端正な男体山
の麓に広がる湖。四季折々の自然景観
が見事で、遊覧船やカヤック遊びなど
アクティビティも楽しめる。周辺には温
泉宿や洗練された洋館建築も多い。

**観光の
ポイント** 紅葉の時季は観光客が多数訪
れる。華厳ノ滝も楽しみ

植物を愛でながら散策を

奥日光　➡ P.66
おくにっこう

可憐な高原植物が咲く戦場ヶ原や千
手ヶ浜には、さまざまなハイキングコー
スが整備されている。新緑や紅葉の季
節はドライブも気持ちいい。湯ノ湖南端
から落ちる湯滝も見応えあり。

**観光の
ポイント** 広大な湿原に動植物が生息。
ルールを守って散策を

高原に広がる壮大な展望

霧降高原
きりふりこうげん

➡ P.56

日光市街の北方に広がる高原。6月下旬〜7月中旬には、ニッコウキスゲが一面に咲き誇る。ハイキングコースやキャンプ場、牧場といった観光施設をはじめ、ペンションも点在している。

観光の ポイント	一年を通じて楽しめるリゾート地。特に初夏がおすすめ

⤴ニッコウキスゲの群落地として有名

⤴日光東照宮の三猿「見ざる、言わざる、聞かざる」は必見

川俣湖
瀬戸合峡
💧川治温泉
23
鬼怒川
▲大笹山
上ノ原
▲月山
日光霧降高原 大笹牧場 ★
霧降高原キスゲ平園地 ★
169
霧降高原
霧降高原
日光市
体山
日光東照宮 ⛩
いろは坂 ★
120
119
★
華厳ノ滝
清滝IC
日光山内
日光IC
日光宇都宮道路
東武日光駅
JR日光駅
中禅寺湖
日足トンネル
東武日光線
日光線
下今市駅
今市IC
宇都宮駅
宇都宮IC
122
💧桐生

交通information

主要エリアから日光へのアクセス

電車・バス

浅草駅

🔁東武鉄道特急「けごん」で約1時間50分

東武日光駅

🔁東武バスで約50分 ／ 🔁東武バスで約25分

中禅寺湖 **霧降高原**

🔁東武バスで約35分

湯元温泉

JR那須塩原駅

🔁JR宇都宮線で約45分 ／ 🔁東北新幹線で約14分

JR宇都宮駅

🔁JR日光線で約45分

JR日光駅

車

那須IC

🔁東北自動車道で約50km

宇都宮IC

🔁日光宇都宮道路で約25km

日光IC

問い合わせ先

観光案内
日光市観光協会 ☎0288-22-1525

交通
JR東日本お問い合わせセンター
☎050-2016-1600
東武鉄道お客さまセンター
☎03-5962-0102
東武バス日光営業所 ☎0288-54-1138

日光はこんなところです

修験僧の山岳霊場から徳川家の聖地へ

日光山内
にっこうさんない

男体山、女峰山、太郎山の日光三山を神仏と仰ぐ山岳信仰の霊場・日光山内。
豪奢な神殿に祀られた家康は、都の北方の地で天下泰平の世を見守り続ける。

華麗に彩られる世界遺産の建築群
歴史的価値の高い神仏習合の宗教建築

　日光山内とは、日光東照宮、二荒山神社、日光山輪王寺の三社一寺がある一帯を表す地名。日光市街地から大谷川を渡ると、日光山内の広大な聖域に至る。奈良時代末期の天平神護2年(766)に、勝道上人が日光山輪王寺、二荒山神社の起源となる草庵と社を建立。その後、延暦元年(782)に男体山の頂を踏破し、山岳信仰の聖地・日光を開山したと伝えられる。日光の地名の由来は諸説あるが、男体山の旧名・二荒山が音読で「にこう」となり、日光の漢字をあてたとの説が有力だ。

　江戸時代初期に徳川家康公を祀る東照宮が建立されると、日光山は徳川将軍家の聖地として発展。現在見られる多くの豪奢な建築が次々と生まれた。日光山内には、103棟の国宝・重文建築が立ち並び、1999年に世界遺産に登録された。陽明門に代表される絢爛豪華な東照宮が有名だが、3体の御本尊が鎮座する輪王寺三仏堂、黒と金の秀麗な建築美の輪王寺大猷院、縁結びスポットでもある二荒山神社にも足を運びたい。なお、2007年から続いた平成の大修理は2019年に終了。陽明門や本殿・石の間・拝殿などの修理を行い、本来の輝きを取り戻した。

山内歩きのポイント

5000体以上の彫刻と極彩色が飾る家康公の霊廟を見学

日光山の山岳信仰の中心地二荒山神社でパワーをいただく

日光山輪王寺で、金色に輝く3体の巨大な仏像を拝む

神橋 重文
しんきょう

MAP 付録P.8 C-3

壮麗な朱塗りの橋

街から日光山内へと誘う神橋。赤と青の2匹のヘビがここで橋となり、開祖・勝道上人を渡らせたとの伝説が残る。

大谷川に架かる神橋は日光山の玄関口ともいわれ、日光を訪れた観光客を歓迎する

日光山内の年中行事

山内の二社一寺で120を超える行事が行われる。なかでも4月と5月の春の例大祭は盛大で華やかだ。

⤴百物揃千人武者行列

⤴強飯式　　(写真:日光山輪王寺)

1月1日▶歳旦会(日光山輪王寺)、歳旦祭(日光東照宮／二荒山神社)
午前0時または午前6時から行われる新年初めての祈祷。

4月2日▶強飯式 (日光山輪王寺三仏堂)
山盛りのご飯を食べろと強いる、日光独特の珍しい儀式。

4月13〜17日▶弥生祭 (二荒山神社)
16・17日には花で飾られた屋台(花家体)が街に繰り出す。

5月5日▶開山祭(二荒山神社中宮祠)
男体山の山開き。登拝門を開き、登山の無事を祈願する。

5月17・18日▶春季例大祭 (日光東照宮)
東照宮最大の行事。神輿渡御、流鏑馬、千人行列など実施。

5月17日▶延年舞(日光山輪王寺三仏堂)
天下泰平・延年長寿を祈願して唐伝来の秘舞を奉納。

5月17日▶神事流鏑馬 (日光東照宮)
例大祭の神事として、表参道の特別馬場で流鏑馬を奉納。

5月18日▶百物揃千人武者行列(日光東照宮)
3基の神輿と武者の華やかな行列が御旅所へ練り歩く。

6月30日▶大祓式 (日光東照宮／二荒山神社)
半年間の罪や穢れを祓い、人形に移して取り去る。

7月31日〜8月7日▶男体山登拝大祭 (二荒山神社中宮祠)
8月1日午前0時に、奥宮のある男体山山頂を目指す。

10月16・17日▶秋季例大祭(日光東照宮)
春同様に流鏑馬、千人行列、神輿渡御などを行う。

11月▶新嘗祭(23日二荒山神社／26日日光東照宮)
その年に収穫した新穀を神前に供え、豊作を感謝する。

12月26日▶献楽祭(日光東照宮)
家康公の誕生日に東照宮の楽師総出で雅楽を奉納する。

12月31日▶採灯大護摩供 (日光山輪王寺三仏堂前庭)
深夜に山伏が三仏堂前で野天の護摩焚きをして厄災を祓う。

12月31日▶大祓式 (日光東照宮／二荒山神社)
一年の最後に、罪や穢れを祓い、無病息災を祈願する。

⤴明治15年(1882)に描かれた『日光東照宮祭略之図』
〈栃木県立博物館蔵〉

日光山内

29

日光山内境内図

鬱蒼とした深淵な森の聖域に
世界遺産の二社一寺が立ち並ぶ

奥院
皇嘉門
夜叉門
二天門
唐門
本殿 拝殿
輪王寺大猷院
二荒山神社
二荒霊泉
大国殿
本殿
仁王門
拝殿
神門
法華堂
天海墓所
慈眼堂
常行堂
楼門
上新道
下新道
旧東照宮宝物館
浩養園
輪王寺本坊
（寺務所）

日光 ● 歩く・観る

お役立ちinformation

日光山内をまわる循環バス

「世界遺産めぐりバス」とは、JR・東武日光駅から東照宮、輪王寺、二荒山神社、大猷院と日光の見どころをまわる、日光山内観光に便利なバス。1日600円で世界遺産めぐりバスのコース内および、JR日光駅～東武日光駅～西参道～蓮華石間が、1日に何回でも乗り降り自由のフリーパス「世界遺産めぐり手形」がお得だ。東武日光駅ツーリストセンター・JR日光駅みどりの窓口で販売している。

日光山内参拝の目安

日光山内の社寺をすべてまわりたい場合、じっくり見てまわると5時間を超えてしまうことも。山間部のため起伏があり、二社一寺間は隣接しているようでいて、距離は意外にあるので気をつけたい。時間に余裕がない人は、あらかじめ見たいスポットを定めておき、効率のよいまわり方を心がけよう。モデルコースとしては神橋からスタートし、輪王寺→東照宮→二荒山神社→大猷院をまわるコースが定番だ。

拝観券について

二社一寺の共通拝観券は2024年現在、販売を停止している。東照宮参拝と宝物館のセット券や、輪王寺と大猷院のセット券などがある。

◆各社寺の参拝料金

寺社名		拝観料	セット券
日光東照宮	本社	1300円	2100円
	宝物館	1000円	
	美術館	800円	
日光山輪王寺	三仏堂	400円	900円（輪王寺券）
	大猷院	550円	
	逍遥園宝物殿	300円	
二荒山神社	本社	無料	
	神苑	300円	

境内音声ガイド

日光東照宮内にある29の建築物を解説、東照宮の由緒や家康公の名言集などが収録された音声ガイドが借りられる。レンタル料は1日500円、受付時間は9：00～16：00（11～3月は～15：00）英語・中国語にも対応している。

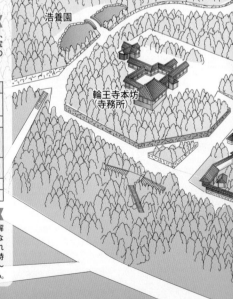

開山1250年を超える日光山内。
「日光の社寺」として世界遺産に登録された面積は
二社一寺に周囲の文化的景観も含め、5.8haと広大。

奥宮

日光東照宮

本殿

拝殿

本地堂(薬師堂)

唐門

陽明門

客殿・社務所

三神庫

神厩舎

日光東照宮美術館

五重塔

御仮殿

日光東照宮宝物館

大護摩堂

日光山輪王寺

四本龍寺

三仏堂

紫雲閣

輪王寺宝物殿

逍遥園

本宮神社

勝道上人像

大谷川

神橋

日光橋

東照宮の入口、石鳥居へと続く表参道。この先に家康公の霊廟が広がる

神となった家康公を祀る華麗な神殿

日光東照宮

にっこうとうしょうぐう

**日本各地の東照宮の中心的存在
江戸初期の華麗な装飾芸術の宝庫**

江戸幕府初代将軍となった徳川家康公を祭神として祀る神社。「この地で神（東照大権現）となって、日本の平和を守る」との家康公の遺言により、元和3年(1617)に2代秀忠公が造営。3代家光公の時代に、「寛永の大造替」により現在の絢爛豪華な社殿となった。55棟の建物のうち、8棟が国宝、34棟が国の重要文化財だ。白と金が基調の極彩色の陽明門や唐門など、随所に江戸初期の巧みな伝統工芸がちりばめられている。2019年に平成の大修理を終え、色鮮やかに蘇った陽明門や三猿・眠り猫の彫刻は必見だ。

MAP 付録P.8 B-2

☎0288-54-0560（代表）🏠日光市山内2301 🕗8:00〜16:30（11〜3月は〜15:30）🗓無休 💴1300円（宝物館とのセット券2100円）、宝物館1000円、美術館800円 🚌JR・東武日光駅から東武バス・中禅寺湖方面行きで7分、西参道下車、徒歩10分／世界遺産めぐり循環バスで13分、表参道下車、徒歩5分 🅿200台

日光東照宮境内図

N

0 ── 50m

- 奥宮 **13**
  - 奥宮宝塔
  - 奥宮拝殿
- 本地堂（薬師堂）の鳴龍 **14**
- 御本社 **11**
  - 石段
  - 本殿
  - 祈祷殿
  - 拝殿
  - 坂下門
  - 神楽殿
- 唐門 **10**
- 神輿舎 **9**
- 東廻廊（眠り猫）**12**
- 陽明門 **8**
- 鼓楼
- 鐘楼
- 客殿・社務所
- 日光東照宮美術館
- 廻転燈籠 **7**
- 輪蔵
- 上新道
- 上神庫 中神庫
- 三神庫 **5**
- 御水舎 **6**
- 青銅鳥居
- 下神庫
- 内番所
- 表門 **3**
- 神厩舎 **4**
- 二荒山神社
- 下新道
- 拝観受付所
- 御仮殿
- 五重塔 **2**
- 表番所
- 鐘舎
- 石鳥居 **1**
- 武徳殿
- 表参道
- 日光東照宮宝物館
- 日光山輪王寺
- 上島珈琲店

注目ポイント

家康公が日光に祀られた理由
家康公は、東照宮の造営地選びに陰陽道を取り入れたという。宇宙の中心の北極星と江戸城を結ぶ直線上に日光があり、江戸を見守る自身の霊廟の適地と考えた。日光は、最初に葬られた久能山と富士山（不死の山）を結ぶライン上でもある。

見どころ満載の
ミラクルワールド

奥宮までの
拝観コース

建物を飾る数々の彫刻や絵画。
それらに隠されたミステリーや
物語を知ればより楽しめる。

拝観の目安◆約1時間30分

日光東照宮 拝観コース

1 石鳥居	→ 徒歩5分	2 五重塔	→ 徒歩5分	3 表門	→ 徒歩5分	4 神厩舎	→ 徒歩5分	5 三神庫	→ 徒歩すぐ	6 御水舎	→ 徒歩すぐ	7 廻転燈籠	→ 徒歩すぐ	8 陽明門	→ 徒歩すぐ	9 神輿舎	→ 徒歩すぐ	10 唐門	→ 徒歩すぐ	11 御本社	→ 徒歩すぐ	12 東廻廊（眠り猫）	→ 徒歩15分	13 奥宮	→ 徒歩20分	14 本地堂（薬師堂）の鳴龍

⬆ 高さ9m。江戸時代に造られた石鳥居では最大。
石は黒田長政の本拠地・九州から船で運ばれた

1 石鳥居 重文
いしどりい

江戸建築最大の石鳥居

元和4年(1618)に、筑前藩
主・黒田長政が奉納。鎌倉・
鶴岡八幡宮、京都・八坂
神社と合わせて日本三大石
鳥居と呼ばれる。

2 五重塔 重文
ごじゅうのとう

伝統の耐震工法で建立

慶安3年(1650)に若狭の小浜藩主・酒井忠
勝が寄進。のちに焼失し、文政元年(1818)
に再建された。吹き抜けの内部に、耐震
用の心柱が吊り下げられている。

⬇ 高さ35m。初層の軒下にいる3体の神獣は家
康公・秀忠公・家光公の干支になっている

注目ポイント

初層を彩る十二支の謎

五重塔の初層をぐるりと囲むように、十二支の彫刻が彫られ
ている。正面の東側には、家康公、秀忠公、家光公の干支で
ある寅、卯、辰の干支が。これが偶然なのかは定かではない。

子（ねずみ）／丑（うし）／寅（とら）
卯（うさぎ）／辰（たつ）／巳（ひ）
午（うま）／未（ひつじ）／申（さる）
酉（とり）／戌（いぬ）／亥（いのしし）

日光東照宮

P.34に続く ⟹

3 表門 重文
おもてもん
数多くの動物彫刻

東照宮最初の門。八脚門の両側に仏教の守護神・仁王像を安置。仁王門とも呼ばれ、獅子や麒麟、獏など82もの動物(霊獣)の彫刻が見られる。

王像は神仏分離令のあと、一時的に大猷院に移設された

4 神厩舎 重文
しんきゅうしゃ
三猿の彫刻がある

神の使いの馬を留め置く小屋。東照宮境内で唯一の素木造り。馬を守るとされる猿の彫刻があり、「見ざる、言わざる、聞かざる」の三猿が知られる。

⤴午前中、舎内で白馬がつながれる

こちらも訪れたい
青銅鳥居
せいどうとりい

家光公が巨額の費用を投じて建てた日本初の青銅製鳥居。扁額部には葵の紋様が、柱の下部には仏教の花・蓮花が刻まれており、国の重要文化財に指定されている。

人の生き方を表した三猿の物語

神厩舎を飾る8面彫刻には、猿の一生を描いた物語が彫られている。有名な「見ざる、言わざる、聞かざる」の三猿を含め、物語が伝えようとする人生のアドバイスを見つけてみよう。

① 子の未来を案じる母

母猿が子の将来を見つめるようにして手をかざす。その傍らには、信頼のまなざしで母猿を見る小猿。母の子育てが始まった。

② 幼い子へ母の願い

「見ざる、言わざる、聞かざる」の三猿。子どものうちは悪いことを見たり、聞いたり、言ったりしないようにとの教え。

③ 子猿の自我の目覚め

親離れをする時期がやってきた。1匹で座っている姿はどこか寂しげ。これからの独り立ちに向け、考え事をしているかのよう。

④ 大志を抱く青年期

口をへの字に結んだ強い表情で、天を仰ぐ青年猿。青い雲が描かれ、将来に大きな夢を持つ「青雲の志」を暗示している。

⑤ 人生の岐路に友あり

挫折する猿とそれを励ます友だちの猿。人生の崖っぷちに立たされ、悩み苦しむときも、友の励ましで乗り越えていける。

⑥ 恋の悩み多き年頃

年頃になって、恋に悩む時期。心を寄せる相手がそばにいても、なかなか気持ちを伝えられないもどかしさが感じられる。

⑦ 夫婦の人生の門出

思いが通じて、ついに結婚。幸せでいっぱいの2匹の前には、人生の荒波を暗示するかのような青い波が描かれている。

⑧ 新たな命を宿し親猿に

やがて雌猿は妊娠し、大きなお腹に。子猿だった主人公の猿もいつかは親猿になる。子が生まれ、物語は最初に戻っていく。

↑正倉院と同様の校倉造りの建物

5 三神庫 重文
さんじんこ
探幽が想像で描いた象

祭事で使う道具類を保管する上神庫・中神庫・下神庫を合わせて三神庫という。上神庫の屋根の妻には想像の象の彫刻がある。

↑象の彫刻は絵師・狩野探幽の下絵とされる。探幽は本物の象を見ていないため、耳や尻尾などが実際の象と異なる

6 御水舎 重文
おみずや
飛龍が舞う豪華な水舎

参拝前に手や口を清める場所。花崗岩の水盤は、元和4年(1618)に佐賀藩主・鍋島勝茂が寄進。屋根の下には飛龍の彫刻が。

↑唐破風屋根に花崗岩の柱が壮麗。大きな翼を持つ飛龍の彫刻に注目

水の神様・飛龍

飛龍は水をつかさどる霊獣。勇壮な御水舎の飛龍は、数ある東照宮の飛龍でも最高傑作と称される。

↑中心軸で回転する仕組みになっている

7 廻転燈籠
かいてんとうろう
ご愛嬌の逆さ葵門

オランダから贈られた八角形の燈籠。葵の御紋が逆さになっている。別名・逆紋の廻転燈籠。

P.36に続く ➡

日光東照宮

収蔵物を鑑賞する

日光東照宮宝物館
にっこうとうしょうぐうほうもつかん
MAP 付録P.8 B-2

多様な展示で楽しく学べる

徳川家康公が関ヶ原の合戦で使用したとされる武具など遺愛の品、朝廷や歴代将軍の奉納品、家康公の肖像画などを展示。陽明門の細密なバーチャルリアリティ映像や、家康公の生涯を紹介するCGアニメが見られる。

☎0288-54-2558 ⏰9:00～17:00(11～3月は～16:00)入館は各30分まで 休無休 料1000円(東照宮拝観券とのセット券は2100円)

↑無料で入れる1階の上島珈琲店

日光東照宮美術館
にっこうとうしょうぐうびじゅつかん
MAP 付録P.8 B-2

障壁画の傑作が建物を飾る

日光杉並木の古材を利用し、昭和初期に建設した旧社務所を公開。横山大観の大作『朝陽之図』のほか、中村岳陵、荒井寛方、竪山南風ら日本画壇の重鎮の障壁画や掛軸など約100点を展示している。

☎0288-54-0560(代表) ⏰9:00～17:00(11～3月は～16:00)入館は各30分前まで 休無休 料800円

お守りをチェック

人生御守
神厩舎近くの内番所にある三猿のお守り。各800円

印籠守
徳川の御紋入り。健康や厄除け、交通安全に。1200円

35

8 陽明門 国宝

ようめいもん

東照宮のシンボル的存在

「日が暮れるのも忘れて見惚れる」ほどの美しさから、別名「日暮らしの門」。彫刻や彩色、飾り金具など、江戸初期の工芸技術の粋を集めた華麗な装飾で知られる。聖人や賢人、故事逸話にまつわる彫刻が多く、信仰や思想が表されている。

高さは11.1m。霊獣や人物、花鳥などの500を超える彫刻に圧倒される

注目ポイント

陽明門の細部
500以上の彫刻が施され、その数と細やかな技術は圧巻。芸術品としても見応えがあり、細部までじっくり鑑賞したい。

龍と息

どちらも霊獣で似ているが、息はヒゲがなく、上唇の真上に鼻孔がある。

唐獅子

中国伝来の霊獣。ライオンがもととされ、渦巻く豊かな毛並みが特徴。口の開き方がそれぞれ違う。

唐子遊び

木馬遊びや鬼ごっこ、雪遊びなど、子どもの遊びを描いた20体の彫刻が並ぶ。平和の象徴ともいわれる。

東照大権現の勅額
東照大権現は家康公が御水尾天皇から賜った神号。額は御水尾天皇の筆とされている。文化年間（1804〜18）の修理中に焼失し、複製された。

廻廊の花鳥風月
長い廻廊に花鳥風月や雲、動物などの立体的な透かし彫りが連なる。

魔除けの逆柱

渦巻状のグリ紋が、1本の柱だけ逆さまに。「建物は完成と同時に崩壊が始まる」との伝承から未完の状態にしたという。

随神像（左）

随神像（右）

随神とは、神社や社殿を守る神様。向かって左（写真上）が左大神、右（同下）が矢大神。どちらも弓矢を持ち、剣を携帯している。

9 神輿舎 重文
しんよしゃ
美しい天女の天井画

春と秋の百物揃千人武者行列で担ぎ出される、3基の神輿が納められている。天井に描かれた『天女奏楽図』の天女は、日本随一の美人天女との呼び声が高い。

↑3基のうち中央が祭神・家康公の神輿

↩天井に描かれた『天女奏楽図』

注目ポイント

天女のささやき
神輿が出払ったとき、天女図の下で手を打つと、反響して天女のささやきが聞こえるとか。

P.38に続く ➡➡➡➡

かつては上位の幕臣や大名
のみが通ることを許された

10 唐門 [国宝]
からもん
多彩な彫刻が飾る本社の正門

重厚な唐破風屋根を持つ御本社の正門。全体を胡粉
（貝殻の顔料）で白く塗り、陽明門より多い611体の
細密な彫刻が飾る。東西に延びる透塀も見事。

⬆御本社を取り囲む全長約160mの透塀。鮮やかに彩色され
た格子や、日本最大級を誇る花鳥の彫刻が美しい

注目ポイント

家康公が掲げた「厭離穢土 欣求浄土」
おんりえど ごんぐじょうど
戦国の世から平和の世になることを願った家康公。「厭離
穢土 欣求浄土」（汚れたこの世を厭い、平和な浄土を願い
求める）という仏教の教えを旗印に戦い、太平の世を実現
する。家康公の願う平和を象徴するかのような彫刻を、東
照宮の随所で目にできる。

舜帝朝見の儀
➡門の頭上を飾る
真っ白な群像彫刻は、
古代中国の伝説の帝
王・舜帝が臣下に謁
見する様子を表した
もの。1本のケヤキ
の木から彫られた

注目ポイント

御本社を護る霊獣たち
社殿や神様を守るとされる霊獣
は、東照宮の建物の随所に見ら
れる。唐門の門柱には、寄木の
昇り龍と下り龍、屋根上部には、
獅子に似たツツガと龍が見下ろ
して、大切な本社を護っている。

11 御本社 [国宝]
ごほんじゃ
東照宮の最も聖なる場所

東照宮の中心建築で、例祭を
はじめとする年中の祭典を執
り行う。拝殿、石の間、本殿
で構成された権現造り。本殿
に祭神の東照大権現を祀る。

⬆御本社の建物は撮影禁止

国宝

12 東廻廊（眠り猫）
ひがしかいろう（ねむりねこ）

東照宮で最も有名な彫刻

東廻廊から奥宮に通じる参道入口の欄間に彫られたもので、幻の名匠・左甚五郎の作と伝わる。眠っている猫の彫刻がある社寺は極めて稀だ。

◐日の光（日光）を浴びて、ボタンの花が咲く場所でうたた寝をする猫

⬆眠り猫の真裏には、2羽の雀の彫刻。雀を捕らえようとせずに眠る猫の様子が、平和の世を象徴するとされる

⬆眠り猫の手前には、神様の乗り物という鶴の彫刻。神となった家康公の乗り物として彫られたといわれる

注目ポイント

幻の大工「左甚五郎」

江戸初期に活躍したとされる伝説の名匠。大工または彫師とされ、歌舞伎や落語にも登場。実在したかは明らかではないが、各地に左甚五郎作と伝えられる作品がある。

13 奥宮
おくみや

重文

神秘的な雰囲気が漂う家康公の墓所

祭神・徳川家康公の墓所。拝殿は黒一色の外観で、内部は金箔や極彩色の鳳凰図で飾られている。御宝塔には家康公の神柩が納められている。

⬆木造の宝塔を5代綱吉公が銅製に。建立以来、一度も開けられていない

注目ポイント

石段

奥宮へは207段の石段を上る。朝霜で浮かないよう、踏み石には重い一枚石を使用。家康の永眠地に続くパワースポットだ。

⬆狩野安信の筆だったが昭和36年（1961）に焼損し、その後堅山南風が復元した

14 本地堂（薬師堂）の鳴龍
ほんじどう（やくしどう）のなきりゅう

巨大な龍ににらまれる

本地堂（薬師堂）の天井に描かれた縦6m×横15mの巨大な龍の絵。34枚の檜板に描かれており、迫力がある。

注目ポイント

鳴龍

龍の頭の下で拍子木を打つと、天井と床が共鳴して、「キィーン」というまるで龍の鳴き声のような音が聞こえるという。

⬆本地堂（薬師堂）には薬師如来が祀られている

日光東照宮

日本屈指の広大な神域
ご利益豊富な氏神様

二荒山神社

ふたらさんじんじゃ

日光の開山後に間もなく創建された
福の神を祀る有数のパワースポット

　日光山の開祖・勝道上人が奈良時代後期の神護景雲元年(767)、大谷川北岸(現・本宮神社)に祀った小さな社が起源と伝わる。東照宮の創建に伴い、元和5年(1619)に現在地に移され、徳川2代将軍秀忠公が新たに社殿を建てた。男体山の山頂に奥宮、中禅寺湖畔に中宮祠がある。安土桃山様式の本殿は再建当時の江戸初期の建物で、日光山内最古の建築。本殿に祀る大己貴命は大国様とも呼ばれ、福の神・縁結びの神様として知られる。縁結びの木や二荒霊泉など、境内にはパワースポットが数多い。

MAP 付録P.8 B-1

☎0288-54-0535　所日光市山内2307　開8:00〜17:00　11〜3月9:00〜16:00　休無休　料神苑300円　交JR・東武日光駅から東武バス・中禅寺湖方面行きで7分、西参道下車、徒歩7分／世界遺産めぐり循環バスで18分、大猷院・二荒山神社前下車すぐ　P50台

御神木に囲まれた朱塗りの神門の先に拝殿がある

二荒山神社境内図

二荒霊泉　朋友神社　本殿
あずま屋　神苑　渡殿　拝殿・本殿　社務所
大国殿　神輿舎　銅灯籠
高天原　日枝神社　祈祷受付所
　　　　髙野槇　手水舎
　　　　神楽殿　夫婦杉
輪王寺大猷院　親子杉
神門　縁結びの木
　　　　　　　　　　　上新道　日光東照宮　楼門
N　0　30m
大猷院・二荒山神社前バス停　鳥居

神門の外にそびえる杉の巨木にナラの木が宿る

縁結びの木

えんむすびのき
さまざまな縁を願って

杉の巨木にナラの木が一体となって育っており、「好き(杉)なら(ナラ)一緒」という意味を込めて、縁結びの木といわれている。

お守り＆授与品をチェック

絵馬
ピンクのハートの絵馬は、良縁祈願の女性に人気

美人愛情守
二荒霊泉の持つ美容のパワーで美人になれるという

神門
しんもん
本殿に続く門

祭神の大己貴命が宿るとされる男体山の開山1200年を記念して、昭和57年(1982)に建てられた。鮮やかな朱塗りの門。

⬆夫婦杉(左)と親子杉(右)は神門の両側にそびえる。縁結びの木とともに三大御神木と呼ばれる

夫婦杉・親子杉
めおとすぎ・おやこすぎ
家族愛を示す御神木

夫婦杉は、同根から分かれて並ぶ2本の杉で、夫婦円満のご利益が。親子杉は太さの違う3本の杉が並び、親子の絆を表すという。

拝殿・本殿 重文
はいでん・ほんでん
江戸初期の社殿が建つ

拝殿には彫刻などの装飾は見られない。本殿は安土桃山様式を伝える壮麗な八棟造りで、現存する日光山内最古の建築である。

⬆本殿の外観。拝殿とともに国の重要文化財に指定された

> 注目ポイント
古くから続くハート形文様

屋根近くにあるハート形は、「猪の目」と呼ばれる魔除け。縁結びの神社にぴったりの模様だ。

⬆手で福を招く大国様。開運の神様として信仰されている

大国殿
だいこくでん
手招きする大国様

祭神の大国主命(大己貴命)は、仏教の大黒様と同一視されることから福の神とされる。日本で唯一、手で福を招く大国様が祀られる。

二荒霊泉
ふたられいせん
若返りの霊泉が湧く

恒例山から湧き出る「薬師霊泉」と滝尾神社に湧く「酒の泉」の2つの泉が流れ込む。眼病や若返り、美容に効くといわれる。この泉で酒を造ると銘酒が生まれると伝えられ、酒造業者からも信仰される。

⬆本殿背後にそびえる山の洞窟から薬師霊泉が湧く　⬆持ち帰り用の専用ペットボトルをあずま屋で販売

> 注目ポイント
霊泉で淹れた抹茶を味わう

二荒霊泉の近くにある茶屋・あずま屋では、霊泉で淹れた抹茶(お菓子付き400円)やところてんが味わえる。ひと休みできるスポット。

> こちらも訪れたい
滝尾神社
たきおじんじゃ

本殿の西約1kmの地にある二荒山神社の別宮。大己貴命の姫神・田心姫命を祀る。安産子種石などのご利益スポットがある。

高天原
たかまがはら
最強のパワーを感じてみる

高天原とは神々の住む天上の国。神の降臨する聖地とされ、この場所で祭祀が行われる。神社最大のパワースポットといわれている。大国殿裏にある。

⬆縄で仕切られた一角。あるのは空間のみだ

日光の歴史を知る古刹
巨大建築に三尊仏を祀る

日光山輪王寺
にっこうざんりんのうじ

国宝や多くの重要文化財を持つ古刹
天台宗大本山のひとつとして名高い

輪王寺とは、日光山内にある堂塔や支院などの総称。奈良時代末期の天平神護2年(766)、勝道上人が日光山を開山した際に創建した四本龍寺(P.46)が起源とされる。修験道場の聖地として栄え、のちに天台宗となった。本堂の三仏堂には、男体山・女峰山・太郎山の日光三山を表す、巨大な3体の仏像を祀る。2007年から続いた三仏堂の平成の大修理は、2020年に終了し、美しい仏像の姿を再び拝むことができる。池泉回遊式庭園の逍遥園や宝物殿も見応えがある。

MAP 付録P.8 B-2

☎0288-54-0531 所日光市山内2300 営8:00~17:00(11~3月は~16:00)拝観受付は各30分前まで 休無休 料輪王寺券(三仏堂・大猷院)900円、三仏堂400円、逍遥園・宝物殿300円 交JR・東武日光駅から東武バス・中禅寺湖方面行きで5分、神橋下車徒歩5分/世界遺産めぐり循環バスで12分、勝道上人像前下車すぐ P100台

馬頭観音
ばとうかんのん
怒りの形相をし、煩悩を絶つ力を持つ。無病息災の仏様とされる。太郎山の本地仏

阿弥陀如来
あみだにょらい
人々を苦しみや災いから救い、西方極楽浄土へと導く救世主。女峰山の本地仏

三仏堂 重文
さんぶつどう

約50年ぶりの改修が終了

日光山の本堂。現在の建物は江戸初期の再建で、関東最大の木造建築。日光三山の本地仏である千手観音、阿弥陀如来、馬頭観音を本尊として祀る。

↑全国でも珍しい天台密教式のお堂

↑多くの仏像とともに、龍の天井画の大作『大昇竜』も必見

大護摩堂
だいごまどう

護摩祈願と写経

1998年に建造された護摩祈願所。内陣には五大明王や七福神を祀っている。1日5回の護摩法要が行われ、2階で写経もできる。

日光東照宮↑

大護摩堂
護法天堂
糸割符灯籠
相輪橖
三仏堂
輪王寺本坊
(寺務所)
鐘楼
金剛桜
表参道
拝観券受付所
黒門
輪王寺宝物殿
紫雲閣
勝道上人像
逍遥園
まかない坂
表参道
勝道上人像前
中山通り
●日光東照宮
参拝案内所

日光山輪王寺境内図

N
0   50m

日光●歩く・観る

日本有数の規模を誇る三仏堂の三尊仏

注目ポイント

天然記念物の金剛桜

三仏堂の前庭に樹齢約500年の山桜が植えられている。数本の幹を持ち、白い大輪の花を咲かせる。例年の見頃は4月下旬～5月上旬。

千手観音
せんじゅかんのん
千本の手と手のひらにある千の眼で、すべての人々を救済する。男体山の本地仏

写真＝日光山輪王寺

お守り＆授与品をチェック

十二支梵字守
十二支の守り本尊を表す梵字が書かれたペンダント型のお守り。3000円

鬼門除札
家の鬼門を抑え家族の悪運を良運に転じる祈願札。発送も受け付ける。3000円

日光山輪王寺

逍遥園
しょうようえん
紅葉で名高い日本庭園

江戸時代に作庭された池泉回遊式庭園。細長い池の周りにシャクナゲやサツキなど季節の花が咲き、紅葉は特に美しい。

⤴初夏にはサツキの花が鮮やか

輪王寺宝物殿
りんのうじほうもつでん
寺の歴史を伝える宝物

仏像や仏具など、国宝1点、重要文化財51点を含む約3万点の宝物を収蔵。常時約50点を展示し、随時企画展を行っている。

⤴2カ月に1度の企画展を実施

写真＝日光山輪王寺

⤴紅葉は10月下旬～11月中旬が見頃。ライトアップも楽しめる

⤴台座の巨岩の重さは推定32t

勝道上人像
しょうどうしょうにんぞう
日光山の開祖がたたずむ

神橋寄りの参道にある、日光山開祖・勝道上人の像。昭和30年(1955)に建立された。高さ約2mの銅像が巨石の上に立つ。

こちらも訪れたい

写経・坐禅体験
しゃきょう・ざぜんたいけん

大護摩堂2階の法和室では毎日、9時から15時まで(11～3月は～14時)写経体験を実施。1000円で誰でも参加が可能。坐禅体験は完全予約制で、常行堂で行われる。詳細は輪王寺へ要問い合わせ。

43

東照宮を造替した家光公が眠る
控えめながら秀麗な建築の美

輪王寺大猷院
りんのうじたいゆういん

色鮮やかな尊像たちが守る多彩な門
東照宮とは趣の異なる建築美を楽しむ

↑仏法の守護神・仁王像。口を開いた阿形像と口を閉じた吽形像で一対をなす

　徳川3代将軍家光公が没した翌々年の承応2年(1653)に4代家綱公の命で建立された家光公の廟所。「大猷院」は、家光公の法号から名付けられ、祖父・家康公を深く尊敬した家光公の「東照宮を凌いではならぬ」との遺志に応えて建てられた。白と金を基調に華麗さを誇る東照宮に対して、黒と金が基調の大猷院は、落ち着いた優雅さがある。拝殿の狩野一門の絵画、緻密な彫刻を施した多種多様な門、それらの門を守る色鮮やかな仏像たちが見どころだ。拝殿と本殿をはじめ、22棟の建築が国宝や重要文化財に指定されている。

MAP 付録P.8A-2
☎0288-53-1567 　日光市山内2300 　8:00〜17:00(11〜3月は〜16:00) 拝観受付は各30分前まで 　無休 　550円、三仏堂と共通の輪王寺券900円 　JR・東武日光駅から東武バス・中禅寺湖方面行きで7分、西参道下車、徒歩5分／世界遺産めぐり循環バスで18分、大猷院・二荒山神社前下車すぐ 　なし

仁王門 重文
におうもん
勇ましい2体の仁王像

廟所で最初にくぐる門。切妻造りの八脚門で、高さ3.2mの2体の金剛力士像(仁王像)を祀る。門の透かし彫りや金具も美しい。

夜叉門 重文
やしゃもん
四夜叉の門番が霊廟を守る

仏法を守る鬼神である4体の夜叉像が、それぞれ東西南北を守る。随所にボタンの花の彫刻が施されており、牡丹門とも呼ばれる。

二天門 重文
にてんもん
鮮やかな二天像

日光山で最大の門。黒や金、朱などの色をちりばめ、大猷院の門のなかでも特に壮麗な造り。持国天(左)と増長天(右)の二天を祀る。

毘陀羅 びだら	烏摩勒伽 うまろきゃ	犍陀羅 けんだら	阿跋摩羅 あばつまら

南方を守る赤夜叉。手に錫杖を持つ

北方を守る青夜叉。弓矢は破魔矢の原点

西方を守る白夜叉。斧状の武器を持つ

東方を守る緑夜叉。腰には白虎の毛皮

↑扁額の筆は後水尾上皇によるもの

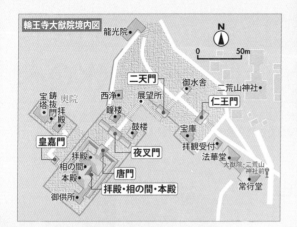

輪王寺大猷院境内図

龍光院

N
0 ── 50m

二天門
御水舎
二荒山神社
仁王門

西浄
展望所
宝塔
鋳抜門
拝殿
奥院
鐘楼
鼓楼
宝庫
拝観受付
法華堂
大猷院・二荒山神社前

皇嘉門
夜叉門
拝殿
相の間
本殿
唐門
拝殿・相の間・本殿
御供所
常行堂

国宝

↑「権現造り」といわれる独特な建築構造をしている

拝殿・相の間・本殿
はいでん・あいのま・ほんでん
大猷院の中心的な建物

創建当初のままの建物で、本殿に大猷院の本尊を安置。拝殿には、狩野一門が描いた無数の龍の天井画、正面に狩野探幽・永真兄弟による唐獅子の壁絵がある。

↑江戸の絵師・狩野探幽と弟・永真が手がけた唐獅子

注目ポイント
狩野派と徳川家

狩野派は、室町から江戸末期まで活躍した日本画の一流派。狩野探幽は江戸初期から幕府の御用絵師となり、二条城や江戸城の障壁画のほか、東照宮の縁起絵巻も制作した。弟の尚信らも御用絵師となり、一族で徳川家と強いつながりを築いた。

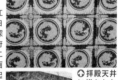

↑拝殿天井に描かれた140の龍

↑御水舎の天井の龍の墨絵

注目ポイント
展望所

二天門から夜叉門へ向かう石段の途中に「天界から人界庭園を見下ろしてください」との案内板が。ここから見下ろす200基以上の石灯籠を人間と見立てて眺める風景だ。

↑細かな彫刻や透かし彫りの金具など、随所に意匠が凝らされている

唐門 重文
からもん
門をすみずみまで飾る彫刻

唐破風を持つ門で、拝殿の入口にある。規模は小さいが、鳳凰や白龍などの細密な彫刻が素晴らしい。袖塀に数多くの鳩の彫刻が見られる。

お守り＆授与品をチェック

破魔矢
昇り龍が刻まれ、一生飾っておける破魔矢。3000円

名香「家光公」
お香に最適な伽羅（きゃら）のお線香。2000円

皇嘉門 重文
こうかもん
家光公の墓所入口を飾る

家光公の墓所である奥の院（非公開）の入口にある門。竜宮造りと呼ばれる、中国・明代の特徴的な建築様式を持つ。白壁が上部の装飾を引き立てる。

家康公への思慕の情を物語る家光公の遺言

「没した後は東照権現にお仕えする」。祖父・家康公を敬愛する家光公は、東照権現となった家康公のそばで永遠の眠りにつくことを望んだ。家光公の遺言により建てられた大猷院は、家康公を見守るよう、東照宮を向いて建てられている。

↑宮中にあった十二門のひとつから名付けられた門。別名・竜宮門。ほかの門とは異なる中国風のつくりだ

輪王寺大猷院

幾多の危機を乗り越え守り続けられた悠久都市

聖地日光から避暑地NIKKOへ

奈良時代に修験僧に見いだされた日光。一時期衰退するも、徳川家の威光で華麗な東照宮が誕生する。
幕府の終焉により、またもや衰退の危機に瀕した日光を救ったのは、外国人たちだった!

8世紀後半〜
12世紀後半

神仏習合の日光山が開かれる

勝道上人の日光開山

勝道上人が険しい山道を越えて日光山を開山
山の神と観音様を祀る神仏習合の聖地が誕生

　関東北部に威容を誇る男体山（二荒山）は、古来より神の山として崇められてきた。伝承によれば、奈良時代の天平神護2年（766）、下野国（栃木県）芳賀郡出身の修験僧・勝道上人が、明星天子の夢のお告げに導かれ荒涼とした日光の地を訪れた。大谷川の急流を渡り男体山の麓に草庵（四本龍寺）を結ぶ。これが聖地・日光の始まりとされている。庵の隣には、男体山の神を祀る小さな社を建てた。そのときの草庵が日光山輪王寺、社が二荒山神社の起源とされる。

　勝道上人は延暦元年（782）、苦難の末に難所であった男体山の頂を3度目の挑戦で極め、奥宮を祀って、日光を開山する。延暦3年（784）には、中禅寺湖畔に日光山の神々を祀る社殿（現・中宮祠）と立木観音を本尊に神宮寺（現・中禅寺）を創建。以来、日光山は、神と仏が共存する神仏習合の山岳信仰霊場として栄えていく。平安時代には、高僧の空海や円仁が日光山に入山したと伝えられている。

12世紀後半
〜17世紀

頼朝の庇護で修験道の大聖地に

鎌倉幕府の庇護下に

鎌倉・室町幕府の保護のもとで発展を遂げ
修験僧たちが山岳修行を行う一大霊場となる

　鎌倉時代になると、日光山は関東の鎮護とされ、源頼朝ら歴代将軍の庇護を受けて大きく発展する。鎌倉前期に24代日光山別当を務めた弁覚は、日光山の峰々を巡って修行する日光修験の形式を確立。関東の山岳修験道の中心地となる。修験場として最盛期を迎えた室町期には、山内に500余の僧房が立ち並んだという。ところが、戦国末期の豊臣秀吉による小田原攻めの際、日光山の衆徒らが小田原の北条氏に加担したため、山内の寺社領のほとんどが秀吉に没収され、日光は一時、衰退の道を余儀なくされる。

◎輪王寺境内に立つ勝道上人像。2021年で開山1255年を迎えた

◎四本龍寺の創建のきっかけになったという紫雲石。四本龍寺・三重塔の近くにある

勝道が眠る中禅寺湖の孤島

中禅寺湖に浮かぶ唯一の小島、上野島。日光山の開祖・勝道上人の遺骨の一部を納めたとされる納骨塔がある。中禅寺では、上野島など湖畔の霊所を船で巡る船禅頂を行っている。
MAP 付録P.6 B-4

四本龍寺
しほんりゅうじ
日光山内 MAP 付録P.8 C-2
天平神護2年（766）に勝道上人が、大谷川を渡り創建した日光開山の地。
☎0288-54-0531（日光山輪王寺）
所日光市山内2300

◎平安初期創建とされる三重塔

常行堂
じょうぎょうどう
日光山内 MAP 付録P.8 A-2
日光山輪王寺にあり、比叡山延暦寺の「にない堂」を模して平安初期に創建。隣の法華堂と回廊で結ばれた造りはここと延暦寺のみに見られる。
☎0288-54-0531（日光山輪王寺）
所日光市山内2300

写真：日光山輪王寺
◎中央に阿弥陀如来を祀る

↑江戸時代の日光山。将軍が多くの家臣を連れて日光に詣でる将軍社参が描かれている『日光山内図屏風』〈栃木県立博物館蔵〉

17〜19世紀

家康を祀る絢爛豪華な社殿誕生

徳川の聖地へ

家康が神として祀られ、徳川幕府の聖地に
あでやかな東照宮が徳川家の権威を物語る

　日光山が再び隆盛するのは、江戸時代に入ってからのこと。江戸幕府を開いた徳川家康は、元和2年(1616)に75歳で生涯を閉じた。生前に残した遺言は、「臨終となったら、遺体は駿河の久能山に埋葬し、一周忌ののち、日光山に小さな堂を建てて勧請せよ。日本の平和の守り神になろう」との内容だった。2代将軍秀忠は遺言どおり、日光山内の中心地に、家康を祀る霊廟・東照社(のちの東照宮)を建立。一周忌のあと、東照大権現となった家康を東照社に迎えた。
　家康が「小さな堂を」と希望した霊廟が、現在のような壮麗な建築になったのは、3代家光のときだ。祖父の家康に深い尊敬の念を抱く家光は、全面的な建て替え工事を指示する。延べ650万人の工員が、約1年半の工期を費やして寛永13年(1636)、彫刻や絵画に彩られる、絢爛豪華な東照宮を完成させた。豪奢な建物が、家康をより神格化させることになる。正保2年(1645)には、朝廷から「社」より格上となる「宮」号を授与され、東照宮に改称される。家光の時代以降、将軍が日光に詣でる社参が大行列を従えて行われ、家康の後継者としての存在を世間に知らしめた。日光山は、家康のみならず、徳川家の聖地として権威を高めていく。
　日光山の再興に尽力したのは、家康の命で日光山貫主を務めた天海大僧正(慈眼大師)だった。家康の相談役として東照宮の創建に関わり、秀忠、家光にも仕えた人物だ。天海が徳川家から厚い信頼を得たことで、日光山は大きく繁栄した。天海は没後、日光山中興の祖として山内の慈眼堂に祀られた。承応2年(1653)年には家光の廟・輪王寺大猷院を御堂山に建立し、今日の日光山の姿がほぼ整った。

↑神橋の手前に立つ中興の祖・天海大僧正像。天海は徳川将軍家菩提寺・寛永寺の創建者でもある

↑徳川家康は没後に大権現となり、日本の平和を見守った〈大阪城天守閣蔵、伝 狩野探幽筆〉

19世紀末

明治維新に翻弄される日光山

日光東照宮存続の危機

戊辰戦争、廃絶論、神仏分離に揺れる日光山。
幕末から明治にかけて苦難の時代を乗り越える

　幕末から新時代を迎える過程で、日光山は再び窮地に追いやられる。幕府軍と新政府軍が衝突した戊辰戦争では、日光山内が戦場となる寸前までいき、新政府軍・板垣退助の仲裁によって危うく難を逃れた。大政奉還を経て明治新政府が樹立すると、政府は神道の国教化を進め、神仏分離令を発布する。徳川を神と崇める日光山の廃絶が論じられるが、二荒山神社と東照宮、満願寺(輪王寺)の二社一寺に分離することで決着する。東照宮内の仏教施設の移転も指示されるが、文化財の保護・景観保持などの理由で多くが残留となり、ゆるやかな神仏分離にとどまった。それでも、旧幕府という後ろ盾を失くした日光山の荒廃は避けられなかった。

△米国人宣教医ヘボン博士は、明治4年（1871）に日光を訪れる。東照宮の楽師であった金谷善一郎（金谷ホテル創業者）に、外国人専用宿泊施設の開業をすすめた

△英国人のアーネスト・サトウは書物の中の日本に憧れて日本語を学び、英国公使館の通訳、書記官として日本で活躍。外交官特権で日本各地を探訪した

△明治43年（1910）、路面電車「日光電気軌道」の開通日に一番列車を待つ人々。多くの西洋人の姿が見える。日光駅～岩ノ鼻間で開通し、のちに中禅寺湖方面の馬返まで延長された〈金谷ホテル所蔵〉

日光金谷ホテル　◯P.51
にっこうかなやホテル
日光山内 MAP 付録P.8 C-3

金谷ホテル歴史館　◯P.51
かなやホテルれきしかん
日光山内 MAP 付録P.8 A-2

19世紀～　国際避暑地として新たな時代へ

避暑地NIKKOの誕生

日光
●
歴史

日光を景勝地として見いだした外国人たち
宗教の聖地から国際的な避暑地に変貌する

　日光の荒廃の危機を救ったのは、開国で日本にやってきた外国人たちだった。明治3年（1870）、英国公使のハリー・パークスが、明治維新後に初の外国人として日光を訪れている。外国人の日本国内旅行が、外交官のみに限られていた時代だ。英国公使館日本語書記官のアーネスト・サトウは4回ほど日光を探訪し、横浜の英字新聞に日光を紹介。東照宮や自然の美しさ、避暑地に最適なことなどが在留外国人たちの間で広まっていった。明治6年（1873）には、外国人客を見込んで外国人専用宿泊施設「金谷カテッジイン」（金谷ホテルの前身）が開業する。翌年、外務省が交付した外国人旅行免状により、一般外国人の日光への旅行が許可されると、外国人客は年々増加を遂げた。明治23年（1890）の宇都宮・日光間の鉄道開通が増加に拍車をかけ、西洋式ホテルが次々と日光に建設された。

　日光に別荘を建てた先駆者の外交官たちは、より閑静な地を求めて奥日光の中禅寺湖へ避暑地を移動。険しい山道を越えて中禅寺湖にたどり着いた外国人たちは、西欧の風景にも似た美しい湖畔風景に目を奪われた。大正末期には、各国大使館所有を含めた外国人別荘が40軒以上も湖畔に立ち並んだ。湖畔で外交が繰り広げられ、「夏は外務省が中禅寺湖に移動する」とまでいわれた。

　世界遺産に登録された日光は、再び脚光を浴び、世界中の人々を魅了している。

△本格的な西洋料理が提供された金谷ホテルの料理場（明治31年（1898）撮影）

日光は『おくのほそ道』の最初の目的地

「あらたふと 青葉若葉の 日の光」

　俳人・松尾芭蕉は、弟子の河合曾良とともに日光を訪問。『おくのほそ道』で「～千歳未来をさとり給ふにや、今此御光一天にか>やきて、恩沢八荒（恩恵がすみずみまで）にあふれ、四民安堵の栖冠なり～」と徳川政権と日光の繁栄を賞賛し、上の句を詠んだ。また、荒沢川の上流にある裏見の滝や那須温泉、殺生石なども訪れている。

日光金谷ホテルに滞在したイザベラ・バード

「…entitled to use the word "Kekko"！」

　英国人旅行家のイザベラ・バードは、明治11年（1878）からの東北、北海道奥地への日本旅行の折に日光へ立ち寄り、6月13日から金谷カテッジインに滞在。東照宮や中禅寺湖を訪ね、著書『日本奥地紀行』で日光の美しさを称賛。「日光を見ずして結構と言うなかれ」という日本のことわざを踏まえて、「9日間滞在したから、私にはKekkoという言葉を使う資格がある」と書いた。その後滝温泉（現・鬼怒川温泉）を経て北へ向かった。

△イザベラ・バードは日本全国の地方を紹介した

日光 歴史年表

<table>
<tr><th colspan="2">西暦　元号</th><th>事項</th><th colspan="2">西暦　元号</th><th>事項</th></tr>
<tr><td>766</td><td>天平
神護 2</td><td>勝道上人、大谷川を渡り四本龍寺 ⊙P.46を結ぶ</td><td>1868</td><td>明治 元</td><td>東照宮の御神体が会津地方に一時遷座
戊辰戦争勃発。幕府軍が日光を目指すが、新政
府軍・板垣退助の努力で、社寺は兵火を逃れる</td></tr>
<tr><td>767</td><td>神護
景雲 元</td><td>勝道上人、大谷川の北岸に二荒山大神を祀る</td><td>1869</td><td>2</td><td>版籍奉還。日光県の設置</td></tr>
<tr><td>782</td><td>延暦 元</td><td>勝道上人、二荒山(男体山)の初登頂を果たす</td><td>1870</td><td>3</td><td>英国公使のハリー・パークスが日光を訪れる</td></tr>
<tr><td>829〜833</td><td>天長
6〜10</td><td>慈覚大師、この頃三仏堂を創建</td><td>1871</td><td>4</td><td>日光山の神仏分離が実施され、東照宮、輪王
寺(現・日光山輪王寺 ⊙P.42)、二荒山神社に
分かれる</td></tr>
<tr><td>1156</td><td>保元 元</td><td>源頼朝の父、義朝が下野守に任命され、以降源
家と日光との関係性が増す</td><td>1872</td><td>5</td><td>男体山の女人禁制が解禁</td></tr>
<tr><td>1203</td><td>建仁 3</td><td>源実朝、神馬を二荒山神社 ⊙P.40に奉納</td><td>1873</td><td>6</td><td>日光金谷ホテル⊙P.51の前身「金谷 カテッジ
イン」(現・金谷ホテル歴史館⊙P.51)が開業</td></tr>
<tr><td>1210</td><td>承元 4</td><td>弁覚が日光山座主となり復興に着手</td><td>1874</td><td>7</td><td>外国人旅行免状の発布により、一般外国人の
国内旅行(一部の地域)が許可された</td></tr>
<tr><td>1215</td><td>建保 3</td><td>弁覚、二荒山神社新宮を造営</td><td>1876</td><td>9</td><td>明治天皇、日光を巡幸</td></tr>
<tr><td>1590</td><td>天正 18</td><td>豊臣秀吉の小田原征伐。日光山衆徒が北条氏
に加担したため、秀吉から所領を没収され、以
降日光山は衰退の途をたどる</td><td>1878</td><td>11</td><td>イザベラ・バードが日光に滞在</td></tr>
<tr><td>1603</td><td>慶長 8</td><td>徳川家康が征夷大将軍に就任。江戸幕府を開く</td><td>1879</td><td>12</td><td>日光の社寺を守るため、保晃会(ほこうかい)
を設立</td></tr>
<tr><td>1613</td><td>18</td><td>慈眼大師天海が日光山の貫主となり、日光山
を復興する</td><td>1890</td><td>23</td><td>国鉄(現・JR) 日光線が開通(宇都宮〜日光)</td></tr>
<tr><td>1616</td><td>元和 2</td><td>4月、徳川家康、駿府で死去
7月、天海、大僧正に任命</td><td>1894</td><td>27</td><td>坂巻正太郎が中禅寺湖畔に「レーキサイドホテ
ル(現・ザ・リッツ・カールトン日光)」を開業</td></tr>
<tr><td>1617</td><td>3</td><td>2月、徳川家康に東照大権現の神号が勅賜される
4月、東照社(現・日光東照宮⊙P.32)が完成
久能山から徳川家康の神霊を遷座</td><td>1899</td><td>32</td><td>田母沢御用邸⊙P.52建設</td></tr>
<tr><td>1625</td><td>寛永 2</td><td>徳川家光の家臣・松平正綱、約20年にわたって
日光道中に杉並木⊙P.21を植樹</td><td>1902</td><td>35</td><td>植物園日光分園の開設</td></tr>
<tr><td>1634</td><td>11</td><td>東照社の大造替(寛永の大造替)が始まる</td><td>1912</td><td>大正 元</td><td>JR日光駅⊙P.55改築</td></tr>
<tr><td>1636</td><td>13</td><td>東照社の大造替が完了/神橋⊙P.29の造替</td><td>1916</td><td>5</td><td>日本聖公会 日光真光教会⊙P.55礼拝堂が完成</td></tr>
<tr><td>1641</td><td>18</td><td>東照社の宝塔完成</td><td>1925</td><td>14</td><td>ハンス・ハンター(範多範三郎)がリゾート倶
楽部として「東京アングリング＆カントリー
クラブ」を発足</td></tr>
<tr><td>1643</td><td>20</td><td>慈眼大師天海、江戸の東叡山で死去
オランダ商館長が東照社に廻転燈籠⊙P.35献上</td><td>1929</td><td>昭和 4</td><td>東武鉄道日光線が開通する</td></tr>
<tr><td>1645</td><td>正保 2</td><td>東照社に後水明天皇から宮号が勅賜され、東
照宮となる</td><td>1934</td><td>9</td><td>日光国立公園が誕生(日本で初の国立公園の
ひとつ)</td></tr>
<tr><td>1647</td><td>4</td><td>日光例幣使が制度化。三仏堂が完成</td><td>1950</td><td>25</td><td>東照宮、昭和の大修理を開始/神橋復元</td></tr>
<tr><td>1651</td><td>慶安 4</td><td>4月、徳川家光死去
5月、家光に大猷院号が勅賜され、大黒山に埋
葬される</td><td>1954</td><td>29</td><td>第一いろは坂有料道路⊙P.58が完成</td></tr>
<tr><td>1652</td><td>承応 元</td><td>大猷院廟(現・輪王寺大猷院⊙P.44)を造営</td><td>1961</td><td>36</td><td>本地堂(薬師堂)焼損。昭和41年(1966)に「鳴
龍」が、昭和43年(1968)に堂が完成する</td></tr>
<tr><td>1653</td><td>2</td><td>大猷院廟が完成</td><td>1999</td><td>平成11</td><td>「日光の社寺」が世界文化遺産に登録</td></tr>
<tr><td>1683</td><td>天和 3</td><td>東照宮・家光廟大猷院の奥院宝塔が銅製に
再建される</td><td>2005</td><td>17</td><td>湯ノ湖、湯川、戦場ヶ原、小田代原の「奥
日光の湿原」が、ラムサール条約に登録</td></tr>
<tr><td>1689</td><td>元禄 2</td><td>松尾芭蕉、河合曾良とともに日光を訪問</td><td>2006</td><td>18</td><td>JR・東武鉄道相互乗入れ直通特急の運行開始
今市市、足尾町、藤原町、栗山村が合併し日
光市となる</td></tr>
<tr><td>1800</td><td>寛政 12</td><td>御家人の東照宮参詣が許可される</td><td></td><td></td><td></td></tr>
<tr><td>1812</td><td>文化 9</td><td>大楽院の火災で、東照宮の神宝多数が焼失</td><td>2007</td><td>19</td><td>日光山内で平成の大修理が始まる</td></tr>
<tr><td>1815</td><td>12</td><td>東照宮の五重塔が全焼</td><td>2016</td><td>28</td><td>東照宮御鎮座400年</td></tr>
</table>

聖地日光から避暑地NIKKOへ

49

リゾート宿泊施設のパイオニア
金谷ホテル物語

明治初期、外交官や政府高官などから
避暑地として注目を集めた日光の街に誕生したホテル。
数々の著名人を迎えた名門ホテルは
開業から148年ほど経た今も、当時の趣を色濃く残している。

世界的な著名人も数多く宿泊した
現存する日本最古の西洋式ホテル

　明治6年（1873）、東照宮の楽師であった金谷善一郎（かなや ぜんいちろう）が米国人ヘボン博士のすすめで、外国人専用宿泊施設「金谷 カテッジイン」（現・金谷ホテル歴史館 P.51）を自宅で開業したのが始まり。英国人旅行家のイザベラ・バードが滞在し、その様子を著書に記したことでも知られる。明治26年（1893）、現在地に2階建て30室の金谷ホテルが誕生。その後、地下を掘り下げて3階建てとするなど、大改修を経て今日の姿となった。宿帳に名を連ねた国内外の著名人も数多く、現在も歴史の面影をとどめた。日本を代表するクラシックホテルとして愛されている。

↑左から金谷善一郎の長男・眞一、創業者の善一郎、次男・正造（明治32年（1899）撮影）

↑大正時代に撮影された金谷ホテルの玄関前。当時と同じ看板が今も掲げられる

金谷 カテッジイン／ 金谷ホテルを訪れた著名人	
1871年	ジェームス・カーティス・ヘボン
1878年	イザベラ・バード
1892年	ジェームス・ガーディナー
1899年	アーネスト・サトウ
1905年	フランク・ロイド・ライト
1908年	新渡戸稲造
1912年	夏目漱石
1922年	アルベルト・アインシュタイン
1925年	白洲次郎
1931年	ルー・ゲーリック
1934年	藤田嗣治
1937年	ヘレン・ケラー
1946年	アイゼンハワー
1957年	インディラ・ガンジー

フロント周辺は開放的な吹き抜け。1階の増築部分は、地元、栃木の特産でもある大谷石が随所に使用されている

時代に合わせて今も進化を続ける新旧の魅力を備えた名門ホテル

　日本の建築美と西洋の調度品が溶け合う館内は、レトロで重厚な雰囲気。歴史あるバーやレストランも素晴らしく、一流のサービスにも定評がある。客室は、格天井を備えた風格漂う部屋から、放送作家・小山薫堂氏プロデュースのモダンなスイートまで用意。伝統を守りつつ、新たな時代の風を感じさせる「古くて新しい」ホテルとして人気を集める。

⬆デラックスツインの一例。内装は客室ごとに異なる

注目ポイント

意匠を凝らしたディテールの数々

　ホテルの随所を彩るのは、日光東照宮を彷彿させる細やかな装飾の数々。玄関やフロント周辺、メインダイニングなどに多く、東照宮でおなじみの三猿や眠り猫のほか、極彩色の「迦陵頻伽」、柱頭彫刻などが見どころ。まるで博物館のような館内を巡りながら、華麗な装飾を探したい。

⬆彫刻「想像の象」は、本物の象とは少し違ったユニークな表情

⬆小食堂の頭上には東照宮に似た花鳥風月が描かれた格天井が

⬆歴史を感じさせる入口の木製回転扉。上部には極彩色の彫刻が

日光金谷ホテル
にっこうかなやホテル

日光山内 **MAP** 付録P.8 C-3

☎0288-54-0001　所日光市上鉢石町1300
交JR・東武日光駅から東武バス・中禅寺湖方面行きで5分、神橋下車、徒歩3分　Ｐ60台
in15:00　out11:00　室63室
予算1泊2食付3万1000円～

⬆ほの暗い明かりが心地よいバー。冬は大谷石で造られた暖炉に炎がゆらめく

⬆建築当時の面影を残す本館。ほかに別館、新館などがある

金谷ホテル創業の地
金谷ホテル歴史館
かなやホテルれきしかん

日光山内 **MAP** 付録P.8 A-2

東照宮の楽師であった金谷善一郎が、自宅の一部を改造し、外国人専用の宿「金谷カテッジイン」として開業した建物。もとは武家の屋敷であったことから、外国人旅行者に「サムライハウス」と呼ばれた。

☎0288-50-1873　所日光市本町1-25　開9:30～16:30
冬期10:00～15:30　休無休(冬期は不定休)　料550円
交JR・東武日光駅から東武バス・中禅寺湖方面行きで8分、金谷ホテル歴史館下車すぐ　Ｐ15台

⬆英国人女性旅行家のイザベラ・バードが宿泊した部屋

⬆4つのかまどを備えた台所。昔の面影を残す

⬆江戸時代の建築様式を伝える貴重な建造物としても注目される。国の登録有形文化財

明治・大正・昭和期の、セレブたちの夏のリゾート

避暑地の別荘を訪ねて

「夏は外務省が日光に移る」といわれたほど各国大使館の別荘が造られた。

御食堂
天皇・皇后が食事をされた部屋。書院造りで窓から見える景色が美しい

3時代の建築が融合

日光田母沢御用邸記念公園

にっこうたもざわごようていきねんこうえん

日光山内周辺 MAP 付録P.8A-3

趣向を凝らした建築様式と華やかな皇室文化を今に伝える

明治32年(1899)、当時皇太子だった大正天皇の静養地として造営。移築した紀州(きしゅう)徳川家江戸中屋敷を中心に、江戸、明治、大正時代の建築様式が融合している。明治時代に建てられた御用邸のなかでは最大規模の木造建築で、本邸が現存する唯一の建物。国の重要文化財に指定。

☎0288-53-6767 所日光市本町8-27
開9:00～16:00 休火曜(祝日の場合は翌日)
料600円 交JR・東武日光駅から東武バス・中禅寺湖方面行きで8分、日光田母沢御用邸記念公園下車すぐ P113台

優雅な庭園と建築美が調和している

御車寄
明治22年(1889)造営の東宮御所の玄関を移築。唐破風造りが特徴

謁見所
天皇が公式の来客と面会した部屋。最高級の尾州檜が使われている

庭園
自然の地形を生かした造りで、樹齢400年というしだれ桜が見事

御玉突所
四ツ玉と呼ばれるポケットのないビリヤード台。床はケヤキの寄木張り

邸内でしか買えない限定商品はおみやげに。菊の御紋をかたどった金つば850円

御学問所
天皇の書斎として使用。紀州徳川家江戸中屋敷時代の姿をとどめる

注目ポイント

丸窓から見る四季

丸窓を通して眺める庭の風景は、丸い額縁に入った絵画のよう。秋は紅葉、冬は雪景色が美しい。

リビング
イタリア製生地のソファを配した居間は、奥の書斎とひと続きに

湖を望む絶景の別荘
イタリア大使館
別荘記念公園
イタリアたいしかんべっそうきねんこうえん
中禅寺湖 MAP 付録P.6 B-4

歴代のイタリア大使が愛した
避暑地の暮らしが垣間見える

昭和3年(1928)に建てられ、平成9年(1997)まで使われてきたイタリア大使館の別荘と、周辺の敷地を公園として整備。本邸はアントニン・レーモンドの設計で、床板や建具、家具などを再利用しつつ建築当時の姿に復元された。

☎0288-55-0880(日光自然博物館) 所日光市中宮祠2482 営9:00～17:00(4月、11月11～30日は～16:00) 休4月の月曜(祝日の場合は翌日)、12～3月 料300円、英国大使館別荘記念公園との共通券450円 交JR・東武日光駅から東武バス・中禅寺温泉方面行きで40分、中禅寺温泉で半月山行きに乗り換え5分、イタリア・英国大使館別荘記念公園入口下車、徒歩10分(4～6月は、中禅寺温泉から菖ヶ浜遊覧船発着所行きで5分、終点下車、徒歩15分) Pなし

大使の間
寝室として使われていた2階の部屋。ここから望む景色も抜群

広縁
中禅寺湖を望むサンルーム風の広縁。椅子に座ってくつろげる

食堂
テーブル上に、大使が実際に使用していた食器が展示されている

注目したい人物
設計はモダニズム建築家
アントニン・レーモンド
チェコ出身の建築家。渡米後、フランク・ロイド・ライトのもとで学び、大正8年(1919)に東京・帝国ホテル建設のため来日。その後も日本にとどまり、多数のモダニズム建築を手がけ、日本の建築界に多大な功績を残した。

美しい市松模様の外壁が斬新でモダンな印象

副邸
本邸とは対照的に、森の中の景観に溶け込むこぢんまりとした建物

杉皮張りの壁面。パターンを変えながら日光杉の樹皮を張り合わせ、独特のデザインを生み出している

避暑地の別荘を訪ねて

53

奥日光の自然を愛し、中禅寺湖の南湖畔にサトウが建てた山荘を復元

英国の文化にふれる
英国大使館
別荘記念公園
えいこくたいしかんべっそうきねんこうえん
中禅寺湖 **MAP** 付録 P.6 B-4

国際避暑地としての奥日光の歴史や
アーネスト・サトウの生涯を紹介

明治29年(1896)に英国の外交官アーネスト・サトウ(P.48)の個人別荘として建てられたのち、英国大使館別荘として長年利用された。建物内にはサトウが愛した奥日光の紹介や英国文化の展示もある。英国の旅行家イザベラ・バードも滞在し、ここからの風景の素晴らしさを讃えている。

☎0288-55-0880(日光自然博物館) 所日光市中宮祠2482 時9:00〜17:00(4月、11月11〜30日は〜16:00) 休4月の月曜(祝日の場合は翌日)、12〜3月 料300円、イタリア大使館別荘記念公園との共通券450円 交JR・東武日光駅から東武バス・中禅寺温泉方面行きで40分、中禅寺温泉で半月山行きに乗り換え5分、イタリア・英国大使館別荘記念公園入口下車、徒歩5分(4〜6月は、中禅寺温泉から歌ヶ浜遊覧船発着所行きで5分、終点下車、徒歩10分) Pなし

◀ここからの風景の美しさは建てられた当時も今も変わらない

広縁
広縁からは、サトウが愛した中禅寺湖畔の「絵に描いたような風景」が堪能できる

tea room 南4番 Classic
駐日英国大使館直伝、オリジナルのスコーンセット1500円などで、英国文化に親しめる英国文化交流室。LO15時30分(季節により異なる)

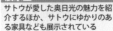
展示室
サトウが愛した奥日光の魅力を紹介するほか、サトウにゆかりのある家具なども展示されている

注目ポイント

サトウが交流した著名な日本人
日本語に精通し、伊藤博文、井上馨、木戸孝允、大久保利通、後藤象二郎、西郷隆盛、勝海舟、岩倉具視など、時代を動かした多くの人物と交流を深めていた。

日光の街並みにたたずむ歴史
レトロ建築集

明治期から大正期にかけて造られた建物が
今も日光の街並みに色を添えている。

↑外壁は大谷川から採取した安山岩を用い、落ち着いた造り(左)。聖堂西側にあるステンドグラスから入る光が美しい(右)

日本聖公会 日光真光教会
にっぽんせいこうかい にっこうしんこうきょうかい

日光山内 **MAP** 付録P.8 A-2

北関東に現存する最古の礼拝堂

ゴシック様式の重厚な石造りの教会。立教学校(当時)の第3代校長、建築家として活躍したJ.M.ガーディナーの設計により大正5年(1916)に建造された。ガーディナーと夫人がこの地に埋葬されている。

☎0288-54-3464
🏠日光市本町1-6
🕐9:00～17:00(11～2月は～16:30) 休不定休(管理人不在時は見学不可) 🚃JR・東武日光駅から東武バス・中禅寺湖方面行きで7分、西参道入口下車すぐ P5台

↑内壁には栃木県特産の板橋石を使用。特別な行事の日以外は見学もできる

西洋料理 明治の館 →P.75
せいようりょうり めいじのやかた

日光山内 **MAP** 付録P.8 C-2

日光石で覆われた壁面が美しい

のちに日本コロムビアの前身となる貿易商・F.W.ホーンの別荘として、明治後期に建造。珍しい「乱れ石積み」の技法を用いた外壁が印象的。

↑18世紀に流行したジョージアン様式の特徴を持つ

日光物産商会
にっこうぶっさんしょうかい

日光山内 **MAP** 付録P.8 C-3

門前で街を見守り続けてきた店

明治38年(1905)に日光金谷ホテルのみやげ物店として開業。店内を彩る彫刻や、2階のレトロな喫茶室は明治期にタイムスリップしたよう。

↑登録有形文化財に指定
🏠日光市上鉢石1024 🚃JR・東武日光駅から東武バス・中禅寺湖方面行きで5分、神橋下車すぐ P15台

JR日光駅
ジェイアールにっこうえき

日光駅 **MAP** 付録P.9 F-4

大正ロマンを感じる洋風駅舎

大正元年(1912)に建てられたネオルネサンス建築の駅舎で、観光客をもてなす玄関口。1階には皇族用貴賓室(非公開)が残る。

↑建物は木造2階建て
🏠日光市相生町115 🚃JR日光駅 Pなし

旧日光市役所記念公園
きゅうにっこうしやくしょきねんこうえん

日光山内 **MAP** 付録P.9 D-3

あずま屋もあり散策の休憩に

大正時代にホテルとして建設も使用されず、町役場を経て市庁舎(1952～2018)に。2022年に記念公園として整備。撮影スポットとして人気。

↑入母屋造りの美しい外観
🏠日光市中鉢石町999 🚃JR・東武日光駅から東武バス・中禅寺温泉行きなどで6分、鉢石町下車すぐ Pなし

緑豊かな高原の風を感じる
霧降高原
きりふりこうげん

赤薙山の南東に広がる標高約1200mの霧降高原。
迫力ある滝や渓谷や季節の花が咲くキスゲ平などの
見どころを巡り、大自然を満喫するドライブコース。

あかなぎさん

日光●歩く・観る

⤴山が赤や黄に色づく秋はいちだん
と滝の美しさが際立つ

1 霧降ノ滝
きりふりのたき
MAP 付録 P.7 F-2

日光三名瀑のひとつ

上下2段に分かれた優美な滝
で、落差80mほど。岩にぶ
つかる水が飛び散って霧が
かかったように見えること
から、この名がついたとい
う。裏見ノ滝、華厳ノ滝
(P.59)と並ぶ日光三名瀑。

市日光市所野 交日光宇都宮道路・
日光ICから約5km
Pあり

さらに奥地の滝へ
隠れ三滝
かくれさんたき
MAP 付録 P.7 F-2

霧降ノ滝の上流には、3つの
滝がひっそりと点在。幾筋に
も分かれる玉簾ノ滝、深い森
に囲まれた丁字ノ滝、落差約
30mの迫力あるマックラ滝な
ど、それぞれ個性豊かで見応
えがある。霧降ノ滝から続く
「大山ハイキングコース」に沿
って歩いてみたい。

⤴岩盤の上を流れ
落ちる丁字ノ滝

⤴玉簾を連想させ
る玉簾ノ滝

緑に囲まれた癒やしの空間

2 カフェ アウル
カフェアウル
MAP 付録 P.7 F-2

絶品!天然かき氷を味わう

冬にできた天然氷を保存する施設・氷
室「四代目徳次郎」の直営店。自家製
造の氷をふんだんに使い、栃木県産の
食材を使用したシロップや練乳など
をかけて味わう贅沢な一品を提供。
DETA→P73

↑緑の草原に鮮やかな黄橙色の花が映えるニッコウキスゲ。6月下旬〜7月中旬が見頃

所要◆約1時間10分

おすすめドライブルート

県道169号(霧降高原道路)を大笹牧場まで北上する爽快コース。2006年まで有料道路だったため、路面状況が良く快適にドライブできる。途中にある六方沢橋は関東平野を一望する絶好のビューポイント。車を降りて写真を撮る際は、近くの駐車場を利用したい。

日光IC
にっこうインターチェンジ

↓ 県道14号、国道119号、県道169号 約5km/12分

1 霧降ノ滝
きりふりのたき

↓ 県道169号 約2km/6分

2 チロリン村
チロリンむら

↓ 県道169号 約7km/14分

3 霧降高原キスゲ平園地
きりふりこうげんキスゲだいらえんち

↓ 県道169号 約2km/3分

4 六方沢橋
ろっぽうざわばし

↓ 県道169号 約7km/10分

5 日光霧降高原 大笹牧場
にっこうきりふりこうげん おおささぼくじょう

↓ 県道169号、国道119号、県道14号 約21km/30分

日光IC
にっこうインターチェンジ

霧降高原

3 霧降高原キスゲ平園地
きりふりこうげんキスゲだいらえんち

MAP 付録P.7 E-2

花々を見ながら高原散策

ニッコウキスゲの群生地として有名。ほかにも100種類以上の花が咲き、遊歩道を歩きながら見学できる。

☎0288-53-5337
㊐日光市所野1531
㊙入園自由、レストハウス9:00〜17:00
12〜3月10:00〜16:00
㊡年末年始 ㊍無料
㊟日光宇都宮道路・日光IC
から約12km ㊶169台

↑天空回廊と呼ばれる1445段の階段を整備

立ち寄りスポット

山のレストラン
やまのレストラン

MAP 付録P.7 F-3

とちぎ和牛のローストビーフや農家直送の野菜など栃木の食材を丁寧に調理。北に霧降ノ滝、西に日光連山を望む、木の温もりで統一した開放的なダイニングで食事できる。

☎0288-50-1525 ㊐日光市所野1546 霧降ノ滝 ㊙10:00(冬期11:00)〜19:00
(LO) ㊡水曜 ㊟日光宇都宮道路・日光ICから約5km ㊶100台

↑霧降の大自然に囲まれた絶好のロケーションに建つ北米風のカフェレストラン

4 六方沢橋
ろっぽうざわばし

MAP 付録P.7 E-1

急峻な渓谷に架かるアーチ橋

六方沢に架かる標高1434m、全長320mの橋。眼下には深い渓谷が広がり、栗山ダムや筑波山など雄大な景観が目を奪う。

←美しい逆ローゼ型アーチ橋。谷底から134mの高さにある

5 日光霧降高原 大笹牧場
にっこうきりふりこうげん おおささぼくじょう

MAP 付録P.7 F-1

動物たちと一緒に遊べる

ヤギや馬などの動物とふれあえる施設。アスレチックで体を動かすのも楽しい。

☎0288-97-1116 ㊐日光市瀬尾大笹原3405
㊙8:45〜16:45 ㊡無休(冬期は不定休) ㊟日光
ICから約21km ㊶600台

↑362haの敷地に羊、ヤギ、馬などが放牧されている

絶景を演出する新緑や色づく木々
いろは坂 いろはざか

つづら折りの48のカーブがあることから、
「いろは48文字」にちなんで名付けられたいろは坂。
展望台やモダン建築など、名所の多いルートを巡る。

↑沼田　　　男体山

P.82　P.83
中禅寺金谷ホテル🏨　奥日光ホテル 四季彩🏨
二荒山神社
中宮祠🏯
中禅寺湖
P.61中禅寺湖機船★
中禅寺立木観音 3
P.54 英国大使館別荘記念公園 ★
八丁出島・
イタリア大使館別荘記念公園 4
半月山展望台 5

0　　1km

1 いろは坂
いろはざか

MAP 付録P.6 C-4

日本を代表する紅葉の名所

日光市街と奥日光を結ぶ観光道路。上り専用の第二、下り専用の第一に分かれており、秋の紅葉シーズンは多くの観光客が訪れる。

←「日本の道百選」のひとつで、石碑が立つ
↑いくつものヘアピンカーブが連続する、下り専用の第一いろは坂

2 明智平展望台
あけちだいらてんぼうだい

MAP 付録P.6 C-4

眼前に広がる大パノラマに感動

第二いろは坂を上り切った場所にある明智平。さらにロープウェイで上ると、標高1373mの展望台にたどり着く。

☎0288-55-0331(明智平ロープウェイ)
🏠日光市細尾町深沢709-5　⏰9:00～15:30　休無休(悪天候時や点検整備による運休あり)　料1000円(往復)
日光宇都宮道路・日光ICから約18km　🅿50台※ロープウェイを利用しない場合は500円

↑男体山や中禅寺湖、華厳ノ滝などを一望。なかでも秋景色は格別だ

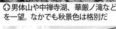

↑ロープウェイの乗車時間は約3分。しばしの空中散歩を楽しみたい

3 中禅寺立木観音
ちゅうぜんじたちぎかんのん

MAP 付録P.6 C-4

珍しい立木観音を祀る古刹

日光山の開祖・勝道上人が延暦3年(784)に創建。本尊の千手観音像は、桂の立木を勝道上人自身が彫ったものと伝わる。

☎0288-55-0013
🏠日光市中宮祠2578　⏰8:00～17:00(12～2月は～15:30、11・3月は～16:00)　休無休　料500円
日光宇都宮道路・日光ICから約21km　🅿10台

→正面に立って触ると、病気の身代わりになってくれるという身代わり瘤

↑世界遺産に登録された日光山輪王寺(P.42)の別院

日光●歩く・観る

P.32 日光東照宮 ⛩
P.42 日光山輪王寺 卍

裏見滝

華厳ノ滝 6

荒沢川

大日橋

大谷川神橋

第一いろは坂
（下り線用）

明智平
ロープウェイ

明智平
展望台

120

122

安良沢大谷橋

日光宇都宮道路

GOAL
清滝IC

START
日光IC

明智
トンネル

1 いろは坂

第二いろは坂
（上り線用）

細尾大谷橋

大谷川

122

2 明智平展望台

桐生

↑歩きやすい服
装で散策したい

↑神々しさを感じさせる雄大な眺め。手
前には八丁出島が見える

所要◆約1時間10分

おすすめドライブルート

上り専用の第二いろは坂で中禅
寺湖方面へ向かい、下り専用の
第一いろは坂で日光市街に戻る
定番コース。どちらも急カーブの
連続だが、特に第一いろは坂は勾
配がきついので、運転には十分注
意したい。紅葉の時季は大渋滞
となるため、事前にトイレや休憩
場所を確認したい。

日光IC
にっこうインターチェンジ

⬇ 県道14号、国道119号、
国道120号経由、約14km／20分

1 いろは坂
いろはざか

⬇ 国道120号
約3km／5分

↑20のカーブがある第二いろは坂

2 明智平展望台
あけちだいらてんぼうだい

⬇ 国道120号経由、県道250号
約3km／5分

3 中禅寺立木観音
ちゅうぜんじたちぎかんのん

⬇ 県道250号
約1km／3分

**4 イタリア大使館
別荘記念公園**
イタリアたいしかんべっそうきねんこうえん

⬇ 県道250号
約6km／10分

5 半月山展望台
はんげつやまてんぼうだい

⬇ 県道250号、国道120号
約9km／15分

6 華厳ノ滝
けごんのたき

⬇ 国道120号
約10km／16分

清滝IC
きよたきインターチェンジ

いろは坂

---

4 イタリア大使館別荘記念公園
イタリアたいしかんべっそうきねんこうえん

MAP 付録P.6 B-4

湖畔にたたずむ優雅な別荘

昭和初期に建てられた大使館の
別荘を復元して公開。独特の建
築美が見どころ。 ➡ P.53

↑杉皮張り
の内外装が
美しい

5 半月山展望台
はんげつやまてんぼうだい

MAP 付録P.2 B-3

山道をたどって絶景地点へ

中禅寺湖スカイライン終点の駐
車場から徒歩約30分。男体山と
中禅寺湖が眺望できる。

6 華厳ノ滝
けごんのたき

MAP 付録P.7 D-1

自然が生み出す勇壮な姿

日本三名瀑のひとつ。中禅
寺湖の水が轟音をたてなが
ら高さ約97mの断崖を一気
に流れ落ちる。

☎0288-55-0030
⑩日光市中宮祠2479-2 ⑭華厳ノ
滝エレベーター8:00〜17:00 冬季9:
00〜16:30 ⑭無休 ⑭570円 ⊗
日光宇都宮道路・日光ICから約20km
⑫県営駐車場利用（有料）

↑滝つぼ近くの
観瀑台から間近に
眺めると、その迫
力が実感できる

↑観瀑台へ行く場
合はここからエレ
ベーターに乗り、
1分ほどで到着

中禅寺湖で自然と遊ぶ

日光国立公園内に位置する美しい中禅寺湖。
豊かな自然に囲まれた湖は、季節ごとに鮮やかな色彩を生み出す。
湖で楽しめる2つのアクティビティを紹介

およそ2万年前、男体山の噴火によって原形ができたとされる中禅寺湖。日本屈指の湖面標高を誇る湖の周囲には高原植物が生育し、澄んだ湖面と吹き抜ける爽やかな空気がのどかな景観をつくり出している。この奥日光ならではの自然を湖面から満喫できるのが、中禅寺湖クルージングとシーカヤックだ。夏は新緑、秋は色鮮やかな紅葉と、四季折々の景色が体感できる。

湖上から眺める絶景

クルージング

中禅寺湖の自然を船上から堪能し、気が向いたら途中で降りて名所を観光することもできる。

↑湖畔に突き出た八丁出島は紅葉の名所。秋には島がとりどりに色づく。クルージングの全コースでこの島を通る

↑↑6月のクリンソウの季節には、千手ヶ浜コースが臨時で運航される（上）。新型船「男体」はソーラーパネルを使用し環境に配慮。特別展望室も完備（右）

秋は真紅に染まる山肌を
眼前で観賞できる

中禅寺湖機船
ちゅうぜんじこきせん

MAP 付録P.6 C-1

中禅寺湖の観光名所を巡る遊覧船。定期便は55分間の一周コースで、途中の乗り降りも可能。そのほか、季節便も運航している。

☎0288-55-0360　🚩日光市中宮祠2478　🚌JR・東武日光駅から東武バス・中禅寺湖方面行きで50分、船の駅中禅寺下車すぐ　🕘9:00～17:00(季節により変動あり)　❌12月1日～4月中旬　💰一周航路(名所廻り)1680円ほか　🅿なし

水と森の自然を眺めて

カヤック

ほんの少し勇気を出せば安心して楽しめるツアー。湖上から見上げる男体山は格別の美しさ。

ツアー参加の Q&A

Q 参加するときの服装は？

A カヤックに乗るときや漕いでいるときに水しぶきが飛ぶので、濡れてもよい服装で参加しよう。Tシャツ、短パンで水着着用がおすすめ。靴はスニーカー、かかとが固定できるスポーツサンダルで。有料レンタルもあり手ぶらでも参加できる。

• SCHEDULE •

所要2時間

11:30 中禅寺金谷ホテル駐車場に集合。更衣室で着替えよう。

⬆ホテル敷地内、温泉施設前の駐車場へ

11:40 初めての人はカヤックの漕ぎ方を練習。カヤックは1人乗りと2人乗りから選べる。事前に連絡をしておこう。

⬆準備体操後、インストラクターが指導

12:00 練習が終わったらピクニックにいざ出発。湖岸と沖合で変化する自然の景色を存分に楽しもう。

⬆参加者の漕ぎ具合に合わせてコースを案内してくれる

⬆中禅寺湖の標高は1269m。野生動物を間近で見られることも

⬆➡赤く染まった紅葉にカヤックで近づいて観賞できる(上)。大自然を間近に見ながら進むカヤック。初心者でも安心して体験できる(右)

栃木カヤックセンター
とちぎカヤックセンター

MAP 付録P.6 B-3

中禅寺湖や鬼怒川などで、カヤックやラフティングといった多彩なアウトドアツアーを開催。中禅寺湖では1日ツーリングコースをはじめ、半日のピクニックコースも用意している。

☎0288-77-2030　🚩日光市中宮祠2482(中禅寺金谷ホテル内)　🚌JR・東武日光駅から東武バス・中禅寺湖方面行きで1時間、中禅寺金谷ホテル前下車すぐ(集合場所)　🕘9:00～、11:30～、14:00～の1日3回開催　💰カヌーピクニック7700円～(所要2時間)、カヤックツーリング1万5000円～(所要5時間)　🈺通年(雨天催行)　📱2日前までにWebの申込フォーム／メールで予約　参加条件 小学1年生以上
●ツアーに含まれるもの　講習料、カヤックとウェア一式、施設利用料

味のある作品を持ち帰る
手作り工芸体験

連綿と受け継がれてきた日光の手仕事の世界にふれる。
自ら制作した工芸品は旅のおみやげに。

↷「ひっかき刀」と呼ばれる特別な彫刻刀を用いる

↷センスを発揮して自分だけの作品を

↷「ひっかき刀」を使った勢いのある力強い線で描かれた図柄が日光彫の特徴

日光彫

東照宮を造替した
名匠たちが生んだと
いわれる工芸品。
独特のひっかき彫り。

伝統の道具で美しい絵柄を彫り上げる

「ひっかき刀」を使って日光彫を体験。手鏡、ネームプレートから好きな素材を選び、眠り猫・三猿・龍・花などの図柄を彫れる。自分のオリジナルデザインで制作も可能。作品はそのまま持ち帰れる。

作ってみよう 体験：日光彫体験コース

※対象年齢、小学4年生以上

↷スタッフが彫刻刀の使い方から教えてくれるので子どもや初心者でも安心！

↷自分で彫ると愛着もひとしお

1 好きな図柄を写す
好きな図柄を選び、カーボン紙を使って素材に下絵を写す。

2 ひっかき彫りを習う
ひっかき刀の使い方を教わり、直線や曲線を彫る練習をする。

3 実際に彫っていく
左手の指を刃先に添え、手前に引きながら絵の輪郭を彫る。

4 彫った絵柄を確認
輪郭を彫り終えたら、絵柄を確認して下絵を消しゴムで消す。

5 自由にアレンジする
目立たせたい部分を削るなど、アレンジを加えて表情豊かに。

6 完成
約1時間半で完成。記念に名前や日付などを刻むのもおすすめ。
※詳細は公式HPを要確認

こちらの施設で体験できます

mekke
日光郷土センター
めっけにっこうきょうどせんたー

日光駅周辺 MAP 付録P.9 E-4

日光の魅力を発信する交流拠点施設。日光彫のワークショップのほか、日光産の鹿革や角を使ったクラフト体験やレンタサイクル、コワーキングスペースなども利用できる。オリジナル商品や地元スタッフがセレクトした雑貨も販売。

☎0288-25-5715 町日光市御幸町591 圏9:00～17:00 休無休 料日光彫体験2200円(所要時間:1時間30分) 交JR・東武日光駅から徒歩15分 P20台

↷日光街道にあるので、観光と合わせて立ち寄りやすい

日光下駄

日光の社寺で使われた「御免下駄」が起源。草履と下駄が一体化した形が特徴。

竹皮で草履編みに挑戦

竹皮で編んだ草履を台木に取り付けた日光下駄。その草履部分の制作を気軽に体験できる。伝統工芸士が直接教えてくれるので、初心者や子どもでも安心。1枚編み（片足）、2枚編み（1足）から選べる。

⬆さらりとした感触で履き心地抜群

作ってみよう 体験:草履作り体験コース

1 材料となる竹皮を伸ばす
細く割いた竹皮を霧吹きで適度に湿らせ、丸まった部分を伸ばして編みやすくする。

2 縦ひもに竹皮を編み込む
編み台に固定した4本の縦ひもを引っ張りながら、1本ずつ竹皮を巻き付けて編み込む。

3 鼻緒を取り付ける
途中まで編み進めたら、鼻緒を付ける。固定する前に、必ず位置を確認することが大切。

4 さらに編み進める
さらに、かかと方向に編んでいく。ここまでくると、だんだん草履の形になってくる。

5 草履の形に整えて仕上げ
縦ひもを締めて、かかと部分を丸く成形。はみ出した竹皮を切り落として仕上げをする。

6 完成
1枚編み（片足）は、1時間〜1時間半ほどで完成。さっそく履き心地を試してみたい。

伝統工芸士の山本政史さんが、基本からていねいに指導してくれるのでわかりやすい

日光下駄 山本

こちらの工房で体験できます

にっこうげた やまもと MAP 付録P.9 E-2

日光山内周辺

少人数の場合は予約なしで体験可能で、完成した草履はそのまま持ち帰れる。伝統工芸士による実演販売も。

☎090-2632-4888（日光木彫りの里工芸センター）所日光市所野2848 時9:00〜17:00 休11〜4月の木曜 料日光下駄の草履編み体験片足1500円（所要時間:1時間30分）交JR・東武日光駅から東武バス・大笹牧場方面行きで5分、丸美下車、徒歩5分 P20台

⬆さまざまな種類の日光下駄が並ぶ

⬆日光木彫りの里工芸センター内にある

手作り工芸体験

西ノ湖コース
さいのこ

森林浴ハイキングを楽しむ

**西ノ湖コースは爽やかな原生林が広がり、
清涼感のある湖との景観美に癒やされる。**

広葉樹の原生林の中を進み
野花に彩られた静かな湖畔へ

　中禅寺湖の西側は、奥日光のなかでも特に美しい風景に
出会えるエリア。一般車の乗り入れが禁止されているた
め、手つかずの自然が残されている。

　まずは赤沼車庫から低公害バスに乗り、西ノ湖入口バス
停へ移動。ここから森林の中を歩いて西ノ湖を目指し、さら
にミズナラやハルニレなどの原生林を抜けて、千手ヶ浜へ
と向かう。全体的に高低差が少なく、ゆるやかなコースな
ので、初心者でも安心。千手ヶ浜のクリンソウが開花する
初夏や、紅葉の時季がベストシーズンだ。

日光 ● 歩く・観る

↑あざみ橋から千手ヶ浜
へ向かう白樺の道。すが
すがしい空気を肌で感じ
ながら、深緑の森の中を
散策したい

←外山沢川に架かるあ
ざみ橋。西ノ湖入口バ
ス停からこの橋を渡り、
西ノ湖方面へと進む

1 西ノ湖
さいのこ

MAP 付録P.4A-4

静寂に満ちた小さな湖

中禅寺湖西側にある周囲
約1.5kmの湖。昔は中禅寺
湖とつながっていたが、流
入した土砂の堆積によって
切り離された。

←原生林に囲まれた静かな湖。美
しい湖畔の風景に心癒やされる

↑緑に覆われた赤い
吊り橋。千手ヶ浜への
遊歩道との分岐点

ハイキングルート

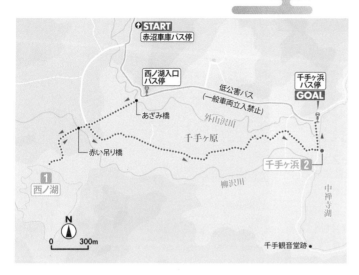

START
赤沼車庫バス停

西ノ湖入口
バス停

あざみ橋

低公害バス
(一般車両立入禁止)

外山沢川

千手ヶ浜
バス停
GOAL

千手ヶ原

赤い吊り橋

柳沢川

千手ヶ浜 2

1
西ノ湖

N

0   300m

中禅寺湖

千手観音堂跡 ●

初心者でも比較的歩きやすいコース。穏やかな西ノ湖を訪れたら、千手ヶ浜から見渡せる中禅寺湖の眺めも楽しみたい。

赤沼車庫バス停
↓ 低公害バス25分
西ノ湖入口バス停
↓ 1km／20分
1 西ノ湖
↓ 2km／60分
2 千手ヶ浜
↓ 徒歩すぐ
千手ヶ浜バス停

※上記の「歩く時間」は施設などの入口までの目安です。見学時間などは含みません。

中禅寺湖ハイキング／西ノ湖コース

⊙毎年6月中旬頃に見頃を迎えるクリンソウ。紅紫色の可憐な花が一斉に咲き誇る

2 千手ヶ浜
せんじゅがはま

MAP 付録P.6A-4

クリンソウの群生地

中禅寺湖畔に広がる南北約2kmの浜。かつて勝道上人が建てたという千手観音堂が再建されている。初夏に咲くクリンソウの群生が見事。

(注目ポイント)

低公害バスに乗って森の中を巡る

国道120号から小田代原へ向かう道は、環境保護のため一般車の乗り入れが禁止されている。その代替交通として、赤沼車庫から小田代原、西ノ湖入口、千手ヶ浜の間を低公害バスが1日1～19本運行。運賃500円、一般車乗り入れ規制区間は自由に乗降できる。12月～4月下旬は運休。問い合わせ ☎0288-55-0880(日光自然博物館)

⊙車窓から森や湿原が見渡せる

戦場ヶ原コース
奥日光の湿原を堪能

男体山を背景に歩く戦場ヶ原コース。
湯元温泉を目指し、広大な湿原を散策する。

高山植物や野鳥を観察しながら
大自然に抱かれた湿原を歩く

　男体山の噴火でできた湖が、長い歳月を経て広大な湿原となった戦場ヶ原。湿原を囲むように散策路が整備され、奥日光を代表するハイキングコースとなっている。竜頭滝から出発して湯ノ湖を目指すルートは、登りが続く道だが、比較的歩きやすい。途中には美しい滝や湖が点在し、初夏のワタスゲ、秋の紅葉などの四季折々の風景や、ノビタキやコゲラといった野鳥に目を奪われる。ゴール後は湯元温泉で疲れた体を癒やすのも楽しみ。このほか、赤沼分岐点から小田代原湿原へ向かうルートもある。

⬇男体山を背景とした壮大な湿原。歩きやすい木道が設置されている

1 竜頭ノ滝
りゅうずのたき

MAP 付録P.6 A-3

雄々しい龍の姿を連想

岩の上を210mにわたって流れ落ちる滝。滝つぼ近くで二分する岩の様子が龍の頭に似ているためこの名がついたとの説も。

⬇春はツツジ、秋は紅葉が美しい。近くの遊歩道から見学可能

⬇緑豊かな風景に溶け込む木製の橋。近くに椅子とテーブルがあり、休憩に最適

2 青木橋
あおきばし

MAP 付録P.6 A-3

清流に架かる素朴な橋

戦場ヶ原を蛇行して流れる湯川に架かる橋。ハイキングコースのほぼ中間にあり、この先は森の中を歩くコースとなる。

日光山温泉寺　巡湯元温泉 源泉　湯ノ平湿原
GOAL　卍温泉神社　あんよの湯
湯元温泉バス停　⚓湖畔前　日光湯元ビジターセンター
湯元レストハウス
兎島
シャクナゲ群落　5 湯ノ湖
湯滝レストハウス　4 湯滝
♨湯滝入口　光徳沼
小滝　日光街道
小田代橋　逆川橋　逆川
泉門池 3　光徳入口
自然研究路
青木橋 2　糠塚
戦場ヶ原　戦場ヶ原展望台
120
展望台　三本松
小田代原　ここが小田代原との分岐点
弓張峠　小田代原展望台　赤沼分岐　赤沼茶屋
低公害バス一般車両通行禁止　赤沼　赤沼車庫
赤沼自然情報センター
西ノ湖千手ヶ浜
高山　石楠花橋(しゃくなげばし)
1 竜頭ノ滝
竜頭の滝バス停　龍頭之茶屋
START
中禅寺湖
N　0　500m

↑池の周りでは、枯れ木や倒木が不思議な光景をつくる

ハイキングルート

竜頭ノ滝から上流に歩くと赤沼分岐点へ。湯滝方面に向かえば雄大な湿原が広がる戦場ヶ原が、さらに歩くと湯滝に着く。

竜頭の滝バス停
↓ 0.3km／5分
1 竜頭ノ滝
↓ 1.7km／45分
赤沼分岐
↓ 1.5km／35分
2 青木橋
↓ 1km／15分
3 泉門池
↓ 2km／50分
4 湯滝
↓ 徒歩すぐ
5 湯ノ湖
↓ 2km／40分
湯元温泉バス停

※上記の「歩く時間」は施設などの入口までの目安です。見学時間などは含みません。

3 泉門池
いずみやどいけ

MAP 付録P.6 A-2

透明度の高い湧き水の池

↑食事や休憩ができる湯滝レストハウス。コンビニも併設

戦場ヶ原周辺で2つしかない池沼のひとつ。澄んだ湧き水をたたえた美しい池では、水辺で遊ぶマガモの姿も見られる。

4 湯滝
ゆだき

MAP 付録P.6 A-2

末広がりの美しい名瀑

湯ノ湖の南端にあり、高さ70mの岸壁を、湖水が横に広がりながら豪快に流れ落ちる。観瀑台からの眺めは迫力たっぷり。

◐華厳ノ滝、竜頭ノ滝と並ぶ、奥日光三名瀑のひとつ

5 湯ノ湖
ゆのこ

MAP 付録P.6 A-2

山に囲まれた神秘的な湖

三岳の噴火により湯川がせき止められてできた湖。周囲約3kmを1時間程度で一周できる。マス釣りの名所としても有名。

↑三方を山に囲まれ、周辺には原生林が茂る

ハイキング後に立ち寄りたい

延暦7年(788)に勝道上人が発見したと伝えられる古湯。山や湖に囲まれた静かな温泉街で、温泉が引かれた珍しい温泉寺もある。 ↑日光山温泉寺

濃い硫黄泉が豊富に湧出

湯ノ平湿原
ゆのだいらしつげん

MAP 付録P.6A-2

白濁した硫黄泉が湧き出る源泉。小さな源泉小屋が並び、木道を歩いて周囲の様子が観察できる。

☎0288-22-1525(日光市観光協会) 所日光市湯元 交湯元温泉バス停から徒歩5分 Pなし

歩き疲れた足を癒やす

あんよの湯
あんよのゆ

MAP 付録P.6A-2

源泉近くにある無料の足湯。最大40人ほど入ることができ、屋根付きのため雨でも利用しやすい。

☎0288-53-3795(日光観光課) 所日光市湯元 交湯元温泉バス停から徒歩2分 営9:00〜20:00 休冬期 P環境省駐車場利用

中禅寺湖ハイキング 戦場ヶ原コース

日光名物を多彩な調理方法で楽しむ
変幻自在のゆば料理

山岳修行僧の大事なタンパク源として食べられていた郷土料理。日光で育まれてきた伝統の味をコース料理で賞味する。

200年以上の歴史を刻んできた
由緒正しい老舗の味を堪能

日本料理 髙井家
にほんりょうり たかいや

日光山内 **MAP** 付録P.8A-3

文化2年(1805)創業以来、日光の社寺御用達を務めてきた名店。手間ひまかけた湯波懐石は、とろけるような舌ざわりのお造り、だしを利かせた煮物や椀など逸品揃い。独特の風味をもつニジマスのいぶし焼きも味わい深い。

☎0288-53-0043
住日光市本町4-9 営12:00~20:00(LO) 休不定休 交JR・東武日光駅から東武バス・中禅寺湖方面行きで7分、西参道下車、徒歩3分 P12台

予約	要
予算	Ⓛ7260円~ Ⓓ9680円~

→風格漂うたたずまいが印象的。完全予約制

日光湯波とは？

京都の「湯葉」という漢字に対し、日光は「湯波」と書く。その違いはゆばの引き上げ方によるもの。膜の端に串を入れて引き上げる京都式、中央に串を入れ、二つ折りにするよう引き上げる日光式があり、日光は幾重にも巻き上げるので、ゆばが何層にもなり、歯ごたえも味わえるのが特徴だ。

昼の湯波懐石 7260円
引き上げ湯波のお造り、たぐり湯波のあんかけ、ニジマスのいぶし焼きなどが供される

↑座敷から見渡す庭には七福神の石像が配され、背後の山々とともに美しい景観を見せる（上）。和の風情あふれる4つの個室を用意（下）

Aコース 5000円
揚げ巻ゆばの野菜あんかけ、生ひきあげゆばの刺身、生たぐりゆばの炊き合わせなど全10品

開放感あふれる大広間で楽しむ
ゆばづくしの贅沢なコース料理

元祖日光ゆば料理 恵比寿家

がんそにっこうゆばりょうりえびすや

予約	望ましい
予算	Ⓛ2400円〜

日光山内 **MAP** 付録P.9 D-3

大正時代から続く老舗ながら、気取らない雰囲気が魅力。上質なゆばを巧みに生かした3種類のコースを用意する。揚げ巻ゆばとがんものゆずみそ田楽は、だしでじっくり煮上げて味を含ませたゆばと、甘みのある味噌がマッチ。

☎0288-54-0113
🏠日光市下鉢石町955 ⏰11:30〜14:30(LO) 休火曜 🚃JR・東武日光駅から東武バス・中禅寺湖方面行きで3分、日光郷土センター前下車すぐ Ⓟ13台

↩44畳と80畳の座敷があり、広々とした空間で食事ができる

ゆばを使ったヘルシーおやつ

ゆばを使ったこの土地でしか食べられない食べ物は、おみやげに喜ばれる。

↱皮に豆乳とゆばを練り込んだ日光ゆばまんじゅう1個150円
●日光さかえや(P.73)

↳半生のゆばでおこわを包んだゆばむすび1パック450円
●ふだらく本舗石屋町店(P.81)

↑日光ゆばまんじゅうに衣をつけて揚げた、おいしい揚げゆばまんじゅう1個220円 ●日光さかえや(P.73)

これぞ名店! 香り高いそば5店

日光連山を水源にした清らかな水が流れ、そばの産地でもある栃木県北西部。
杉並木が続く「日光例幣使そば街道」周辺には遠方からも客が訪れる名店が立ち並ぶ。

小休止スペシャル
2300円
もりそばに山菜天ぷら、
ゆば刺し、とろろ、麦め
し、小鉢が付いたセット

小休止 のうか
こやすどのうか

日光 MAP 付録P.5 F-4

香り高く喉ごしの良い昔ながらの素朴な味わい

のどかな田園風景と情趣あふれる日本家屋、四季折々の情景が広がる庭園、日本の原風景を感じる美空間で純手打ちそばを味わう。粗挽きの田舎風そばは、噛みしめるほどに甘みと香りを感じる。天然きのこ「ちたけ」を使った郷土料理ちたけそばも人気。

☎090-7736-3354
住日光市小林71 営11:00〜14:00(売り切れ次第閉店) 休木曜(臨時休業あり) 交東武・下今市駅から車で30分 P15台

予約	不可
予算	L1050円〜

➡古民家を改築した店舗

小来川 山帰来
おころがわ さんきらい

日光 MAP 付録P.2 B-4

窓に広がる景色を眺めこだわりの味に舌鼓

ゆったりとした時間が流れる里山にたたずむ。そば粉は地元で自家栽培した玄そばを自家挽き。一口すすれば、ほんのりとした甘みと芳醇な香りが口いっぱいに広がる。香り高いそばを、益子焼の器でいただく至福の時を堪能したい。

☎0288-63-2121
住日光市南小来川395-1 営11:00〜15:00(LO14:30) 休火曜 交JR今市駅から車で20分 P37台

予約	可(平日のみ)
予算	L1000円〜

➡料理は、益子焼の人気作家・佐伯守美氏の器で供される
➡大きな窓の外には黒川が流れ、笹目倉山が眼前に広がる

➡ゆばの刺身を肴に大吟醸「山帰来」1本1500円

山帰来(十割)と
ゆばそばのセット 2300円
日光産の新鮮な汲み上げゆばの刺身、天ぷらをのせたゆばそば(二八)と十割そばのセット

日光●食べる

そば処 水無湧水庵

そばどころ みずなしゆうすいあん

日光 **MAP** 付録P.2 C-3

地元住民にも愛される
地粉100%のそばが自慢

日光のおいしい水と、水無地区の休耕田で栽培された玄そばを使ったそばは香り高く、細切りながらコシの強い独特な歯ごたえが特徴的。食後は緑あふれる裏庭の散策を楽しみたい。

☎0288-26-3355
所 日光市水無309
営 11:00～14:30
休 水曜、第1・3木曜
交 JR下野大沢駅から車で10分 P 30台

予約 不可※大人数の場合は要問い合わせ

予算 L 750円～

↑店の裏の清流には季節の花々が咲き誇る

←←店の周りは田畑に囲まれ、のどかな時間のなかで、心ゆくまでそばを味わうことができる

冷男体おろしそば 950円
薬味のネギは地元産。男体山をイメージしている。揚げたてサクサクのかきあげ120円も人気

玄蕎麦 河童

げんそば かっぱ

日光 **MAP** 付録P.5 E-4

店主の繊細な手仕事が
生み出す魅惑のそば

全国各地から選りすぐった玄そばを徹底した温湿度管理のもと熟成。その日に使う分だけを石臼で挽き、ていねいに製麺。風味がよく、ほんのりした上品な甘みを感じるそばは、思わず箸がすすんでしまう。常連客に人気の鴨せいろも絶品。

↑開放感ある店内。奥にはそばを寝かせる貯蔵庫がある

予約 要問い合わせ
※11:30までに入店の場合は予約可

予算 L 980円～

☎0288-25-8111 所 日光市瀬尾44-7 営 11:00～14:45(LO、売り切れ次第終了) 休 木曜、第1・3・5水曜 交 東武・大谷向駅から徒歩5分 P 10台

十割産地別二種盛1380円
育つ土地によって味や香りが異なるそば。厳選した2種のそばの、その"違い"を楽しむ(平日限定)

天ざるそば 1500円
香りも味も濃く、力強い食感が楽しめるそばに自家栽培の季節の野菜天ぷらが付く

↑清流の音を聞きながら縁側でいただくこともできる

そば処 報徳庵

そばどころ ほうとくあん

日光 **MAP** 付録P.5 D-4

美しい庭を眺めながら
歴史ある建物でいただく

↑江戸時代に二宮尊徳が住んでいたとされる趣ある建物

「名水の里」として知られる今市の地粉を使い、昔ながらの製法で打つみずみずしいそばは舌ざわりよく、噛むほどにそばの香りが広がる。店は杉並木公園内にあり、二宮尊徳ゆかりの報徳仕法農家の、素朴な空間で食べるそばは格別。

予約 50名まで可
予算 L 800円～

☎0288-21-4973
所 日光市瀬川383-1
営 11:00～15:00 休 無休
交 東武・上今市駅から徒歩10分 P 30台

飲み物とケーキのセット、ケーキプレート1320円も人気。写真はキャラメルシフォン

日光山内 MAP 付録P.8A-3

ぬくもりあるレトロ空間で厳選コーヒーと絶品ケーキを

日光珈琲 御用邸通

にっこうこーひー ごようていどおり

昭和初期の商家を改築した店内は古木や梁、吹き抜けに囲まれ、抜群の居心地の良さ。オーナーが焙煎を手がけるコーヒーは香り、味わいともに至福の一杯。「御用邸通の黒カレー」など食事メニューも。

☎0288-53-2335
🏠日光市本町3-13 🕙10:00～18:00（LO17:00）🈂月曜、第1・3火曜（祝日の場合は翌日）🚃JR・東武日光駅から東武バス・中禅寺湖方面行きで7分、西参道入口下車、徒歩3分 🅿なし

↑吟味したコーヒー豆を完全熱風式で焙煎し、ハンドドリップで淹れる珈琲660円。ブレンドとシングル各5種

↑窓ガラスが多い店内は、陽光が気持ちいい

日光散策途中にひと休みする

立ち寄りスイーツ

見どころの多い日光観光で、歩き疲れたときの小休憩。気さくな店主と日光の名物スイーツが癒やしてくれる。

日光あんみつ 緑茶付き1100円。厳選した寒天、小豆、黒糖を使い、名店の湯波菓子をトッピング

↑1階には、多彩な焼き菓子やパン、ジャム、ヨーグルトなどが並ぶ

木の温かみに包まれてチーズケーキとコーヒーを

カフェ 明治の館

カフェ めいじのやかた

日光駅周辺 MAP 付録P.9F-4

西洋料理 明治の館（P.75）のオリジナルケーキを販売。デンマーク産の最高級クリームチーズを使ったチーズケーキ「ニルバーナ」が人気だ。2階には、木をふんだんに配したセルフサービスのカフェを併設。

☎0288-54-2149
🏠日光市松原町4-3 🕙10:00～18:00 🈂無休 🚃JR・東武日光駅からすぐ 🅿なし

しっとりとした食感のニルバーナ550円はコーヒー550円とよく合う

↓東武日光駅の目の前にあるおしゃれな建物

江戸期から伝わる名菓を和の風情の茶寮で味わう

鉢石カフェ

はついしカフェ

日光山内 MAP 付録P.9D-3

文化元年(1804)創業の老舗菓子店に併設された茶寮。和風情緒漂う空間で、将軍家や大名、大正天皇が愛でた味が楽しめる。延べ7日かけて作る豊かな味わいの酒饅頭とお茶のセットや日光あんみつをぜひ。

↑200年以上前の製法を受け継ぐ名菓が多数

☎0288-54-0038
🏠日光市下鉢石町946 🕙10:00～16:00(LO)、湯沢屋は～18:00 🈂不定休 🚃JR・東武日光駅から東武バス・中禅寺湖方面行きで4分、日光支所前下車、徒歩4分 🅿3台

↑明治大正期の石蔵をリノベーションした店舗

ピスタチオベリー 1430円。ピスタチオとベリークリームが絶妙にマッチ

時期の果物を使った期間限定のメニューも多数ある

生マンゴープレミアム 1430円。大きくカットされたマンゴーがゴロゴロのって大満足

生いちごプレミアム1430円。地元栃木のイチゴをたっぷり使用。生クリームと好相性

老舗氷室が作る
フワフワの絶品かき氷
松月氷室
しょうげつひむろ

日光 **MAP** 付録P.5 D-4

明治27年(1894)創業。店先で自社製天然氷を使ったかき氷を味わうことができる。氷を知り尽くした老舗店のこだわりの温度管理と削り方で作られるかき氷は、やさしい口どけで感動もの。

☎0288-21-0162
所 日光市今市379 営 11:00〜18:00
休 月曜(祝日の場合は翌日) 交 東武・下今市駅から徒歩10分 P あり

↑↓伝統の製法と保存法を守り続ける老舗店(上)。かき氷に使用する氷を店内で触ることができる(下)

きめ細かい究極のフワフワとの出会い
天然かき氷の聖地

天然氷は、冬にできた天然の氷を「氷室」と呼ばれる施設で保存。氷室は日本でわずか5カ所、そのうちの3軒が日光にあり、まさに日光は天然かき氷の聖地。好みのシロップで楽しみたい。

緑に囲まれた
テラスで味わう天然氷
カフェ アウル

栃木県産の牛乳を使った自家製の練乳もオススメ

霧降高原 **MAP** 付録P.7 F-2

氷室「四代目徳次郎」の直営店。自然豊かな霧降高原にあり、自家製造の氷を使ったかき氷が味わえる。地元産の素材を贅沢に使った特製シロップをかけると、まるで綿あめのよう。

☎0288-54-3355(チロリン村)
所 日光市霧降1535-4 チロリン村内 営 9:00〜16:00 休 4月下旬〜11月上旬は火曜(祝日の場合は営業) 交 JR・東武日光駅から東武バス・大笹牧場行きで15分、隠れ三滝入口下車、徒歩5分 P 50台

イチゴ 800円。栃木県産とちおとめのピューレと果肉を交互にかけた逸品

↑すがすがしい風が吹き抜ける広々としたテラス席

はちみつレモン800円。栃木県産のハチミツを使用。まろやかな甘みと酸味がマッチ

日光産いちごかき氷1300円。ゴロゴロとしたイチゴの食感と自家製シロップの甘さが絶妙。(提供時期4〜9月)

イチゴ、メロンなどのシロップかけ放題は400円

ふんわり氷の中に
イチゴがたっぷり
日光さかえや
にっこうさかえや

日光駅周辺 **MAP** 付録P.9 F-4

揚げゆばまんじゅうで知られる人気店だが、かき氷も根強い人気。「三ツ星氷室」の天然氷を削ったかき氷は、きめ細かく雪のよう。栃木県産とちおとめを贅沢に使った日光産いちごかき氷がおすすめ。

昭和33年(1958)創業の老舗店

☎0288-54-1528
所 日光市松原町10-1
営 9:30〜18:00(季節により変動あり) 休 不定休 交 JR・東武日光駅からすぐ P あり

クラシカルな装いをまとう
本格派洋食店4店

欧米人の避暑地として栄えた日光は、金谷ホテルを中心に洋食も発展を遂げた。洋食文化の草分けであるこの地の、レトロな洋館の中で味わう一皿。

歴代料理長が継承してきた
老舗ホテル伝統の味

日光金谷ホテル
ダイニングルーム
にっこうかなやホテル ダイニングルーム

予約	望ましい
予算	Ⓛ6000円〜 Ⓓ1万2500円〜

日光山内 **MAP** 付録P.8 C-3

100年以上愛されてきた伝統のフランス料理を提供。初代料理長が考案したニジマスのソテーは、地元のニジマスを日本酒でフランベし、醤油やバターで味付けした逸品だ。ベシャメルソースを使ったコロッケットも人気。

☎0288-54-0001
🏠日光市上鉢石町1300 🕐7:30〜9:30 (LO)11:30〜14:30(LO)18:00〜20:00(LO) 🈳無休 🚃JR・東武日光駅から東武バス・中禅寺湖方面行きで5分、神橋下車、徒歩3分 🅿60台

プリフィックスランチ6000円〜
メイン料理6種、デザート3種から選べるコース。メイン料理の中では「日光虹鱒のソテー金谷風」(＋1000円、写真右)や「大正コロケット2種」(＋1200円)などが人気

➜柱頭彫刻をはじめ、店内の繊密な装飾も見どころ

文明開化の薫りを漂わせる
洗練された洋食の数々

西洋料理 明治の館
せいようりょうり めいじのやかた

日光山内 **MAP** 付録P.8 C-2

明治時代の洋館で味わえるのは、熟練シェフが織りなす西洋料理。オムライスやハンバーグといったおなじみの洋食も、繊細な一皿に仕上げられている。ゆばや日光まいたけなど、地元の名産品を使った料理も好評。

☎0288-53-3751
住 日光市山内2339-1 時 11:00〜19:30(LO)
休 無休 交 JR・東武日光駅から東武バス・中禅寺湖方面行きで5分、神橋下車、徒歩5分
P 65台

↑ケチャップ味のチキンライスに、フワフワの卵をのせたオムレツライス1870円

特撰とちぎ和牛テンダーロイン(160g)1万1000円
口に入れた瞬間に濃厚な旨みが広がる

↺日光不動苑内に建つ石造りの重厚な洋館

予約 ディナーのみ
予算 L 2500円〜
　　 D 4000円〜

大正時代の味を忠実に再現
スパイスが効いた名物カレー

日光金谷ホテル
クラフトラウンジ
にっこうかなやホテル クラフトラウンジ

日光山内 **MAP** 付録P.8 C-3

カジュアルながらも品のある雰囲気漂うラウンジ。大正時代のレシピをもとに再現した百年ライスカレーは、ビーフ、チキン、鴨、ニジマスのフライの4種類が揃う。ドイツのロンネフェルト社の最高級紅茶などもゆったりと味わいたい。

☎0288-54-0001
住 日光市上鉢石町1300 時 10:00〜16:00
(LO) ※百年ライスカレーは11:30〜15:00
(LO) 休 無休 交 JR・東武日光駅から東武バス・中禅寺湖方面行きで5分、神橋下車、徒歩3分 P 60台

予約 不可
予算 L 2000円〜

↺アフォガード1200円。オリジナルエスプレッソをかけて

↺落ち着いた色合いでシックな雰囲気が漂う内装

百年ライスカレー(ビーフ)2140円
ココナッツミルクやディルピクルスの漬け汁が隠し味に

本日のランチ 2200円～
前菜、メインそれぞれ選べるプリフィクス
ランチ。基本2200円（食材により追加料金
あり）、コーヒー付き＋300円、デザート
付き＋500円

中禅寺湖で自然の恵みを感じる

湖畔にたたずむ一軒家レストラン

ヒメマスやニジマスをはじめ、地元食材を多用したメニューの数々。
美食とともに奏でる心地よい安らぎの時間は至福のひととき。

↑中禅寺湖ではヒメマスやニジマスの稚
魚を放流しており、夏は釣りを楽しむ姿
も見られる

自家栽培の野菜と地魚を
正統派フレンチで味わう至福

La cuisine naturelle
Café de Savoie
ラ キュイジーヌ ナチュレル カフェ ド サヴォア
中禅寺湖 MAP 付録P.6 C-1

地元出身の店主が手塩にかけて育
てた食材で作る料理が魅力。食材
の持ち味を生かしたシンプルな料
理は、収穫したての旬の味わいを
楽しむことができる。デザートも
すべて手作りで、シナモン風味塩
チーズケーキは絶品。

☎0288-55-1150
🏠日光市中宮祠2478 🕐11:30～14:30
(LO) 18:00～20:00(LO) 🈲水曜
🚃JR・東武日光駅から東武バス・中禅寺
湖方面行きで52分、中禅寺郵便局下車す
ぐ 🅿3台

↑フランスの街角の食堂を彷彿させる洗練された空間

↑緑色の屋根と
暖簾が目印の一軒
家レストラン。中
禅寺湖が眺められ
るテラス席もある

予約	可
予算	Ⓛ1300円～
	Ⓓ1200円～

風が渡る絶好のロケーションで
自慢の肉料理をいただく

レストラン・メープル

中禅寺湖 **MAP** 付録P.6 C-2

とちぎ和牛やヒメマス、ニジマス料理
など地元の食材を使った料理を味わえ
るレストラン。自家製の燻製料理も提
供し、チーズやニジマスのほか、日光鹿
のスモークも人気がある。料理ととも
に目の前に広がる大空と湖を満喫。

☎0288-55-0713
🏠日光市中宮祠2482　⏰10:00～17:00（12～
3月は～16:00）※17:00以降は要予約　休無休
（12～3月は不定休）　🚃JR・東武日光駅から東
武バス・中禅寺湖方面行きで45分、中禅寺温泉
下車、徒歩10分　🅿20台

↖日の光が差し込む明るい
店内。奥には暖炉があり、
落ち着いた雰囲気で料理が
堪能できる

予約	可
予算	Ⓛ2000円～
	Ⓓ1500円～

↑湖畔にたたずむレンガ造りの建物。テラス席
もあり、湖を眺めながら料理に舌鼓

**とちぎ和牛の
ビーフシチュー 2600円**
野菜の甘みと牛肉の旨みがと
ろける看板メニュー。セットの
パンも店内で焼き上げている

古き良き別荘文化を今に伝える
奥深き創作フランス料理

欧州浪漫館 シェ・ホシノ

おうしゅうろまんかん シェ・ホシノ

中禅寺湖 **MAP** 付録P.6 C-1

ヨーロッパ諸国の別荘地として栄えた
奥日光。その雰囲気を食を通して味わ
ってほしいと、シェフが腕によりをかけ
けて作るのは、栃木の食材を生かした
フレンチ。しそや醤油など和の調味料
で味付けした創作料理が楽しめる。

☎0288-55-0212
🏠日光市中宮祠2478　⏰11:30～14:30(LO)
18:00～19:30(LO)　休木曜（冬期は不定休）　🚃
JR・東武日光駅から東武バス・中禅寺湖方面行き
で50分、船の駅中禅寺下車すぐ　🅿5台

予約	可
予算	Ⓛ2000円～
	Ⓓ3000円～

→デザートはゴマ風味のプリン、盛り
合わせ（＋200円）などから1つを選
べる

**プリフィクスランチ
Bコース 2860円**
ヤシオマスや生ゆばのオー
ドブル、ポタージュ、ニジマ
スや栃木県産銘柄の豚ロー
スなどを使った料理が並ぶ

東照宮の名彫刻、三猿1
個170円。三猿を含む詰
め合わせ1600円(7個)

←眠り猫や椿などの
形も。1個130円〜

←築約120年の古民家
を移築した風情ある店舗

三猿や眠り猫、日光の名彫刻に ちなむおいしい人形焼が集結

みしまや

日光駅周辺 MAP 付録P.9 E-4

2013年に誕生した日光和菓子の新星。日光彫の彫刻である中山店主が原形の木型を造り、三猿や眠り猫など日光ならではの人形焼を自ら焼き上げる。磨宝卵、北海道産小豆、鬼ザラ糖など吟味を重ねた素材を使い、やさしく奥深い味に。

☎0288-54-0488 ㊟日光市石屋町440
⏰9:00〜17:00 ㊡木曜(臨時休業あり)
🚉JR・東武日光駅から徒歩8分 Ⓟ1台

レトロな街並みで見つけた名産品

日光●買う

日光門前町をぶらり

古くから継承される老舗の味わいや、地元の工芸品が並ぶ店など、街の景観を楽しみながら時間を忘れて散策したい。

かりまんどら焼1個
173円。自家製のつ
ぶ餡と黒糖が入る

200年前と同じ
手練りで作る逸品。1日30本
限定のため予
約を入れたい。
1本2600円

2代目が江戸時代に考案した
まんじゅう「日の輪」。十勝産
小豆の餡が美味。1個200円

諸大名や宮家が愛した 日光ようかんの味わいを守る

綿半 本店
わたはん ほんてん

日光山内 MAP 付録P.8 B-3

天明7年(1787)創業。日光で最初にようかんを作った菓子処として、門前の歴史とともに歩む。小豆などの厳選材料と日光の名水のみを用い、添加物を一切使わずに作るようかんや銘菓は、まさに日光菓子の真髄といえる。

←多彩な味の練ようかんも揃う
☎0288-53-1511
㊟日光市安川町7-9 ⏰9:00〜17:00
㊡水曜 🚉JR・東武日光駅から東武
バス・中禅寺湖方面行きで7分、安川
町下車徒歩3分 Ⓟなし

←二荒山神社の近くに建ち、おみやげに購入する人も多い

日光産大豆を挽いたきな
粉と黒糖餅が香り高い日
光かりまん1個216円

黒糖の香りが広がる 伝統の和菓子を吟味

日光かりまん
にっこうかりまん

日光山内 MAP 付録P.8 B-2

宇都宮市にある明治18年(1885)創業の老舗和菓子屋がプロデュース。黒蜜餅が特徴のかりんとう饅頭を高温で揚げ、自家製粉のきな粉と和三盆糖をたっぷりかけた日光かりまんは、濃厚な味わい。

☎0288-25-3338
㊟日光市安川町10-18
⏰10:30〜16:00 ㊡不定休
🚉JR・東武日光駅から東武バス・
大猷院・二荒山神社行きで13分、
西参道茶屋下車すぐ Ⓟなし

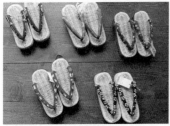

↑現在3人しかいない日光下駄の伝統工芸士である星ひでおの作品。2万2000円～

暮らしがより豊かになる
日常使いできる作品が集う

吉見屋
よしみや

日光山内 **MAP** 付録P.8 B-2

作家や職人が作る、温かみのある作品や食品雑貨を展示販売。日光の伝統工芸品である日光下駄をはじめ、店主選りすぐりの陶芸家や作家の作品が店内に並ぶ。旅の記念にお気に入りの品を持ち帰りたい。

☎0288-87-4032 ㊙日光市安川町5-19 ㊰10:00～16:00 ㊡日～火曜(1～3月は冬期休業、ほか不定休あり) ㊍JR・東武日光駅から東武バス・中禅寺湖方面行きで10分、西参道入口下車すぐ ㊅なし

↑木のぬくもりが感じられる店内。工芸品を日常使いするヒントが店内にあふれる

↑群馬県「ほたか自然養蜂場」で採蜜された、天然の黄金の比蜜(ハチミツ)1250円～

↑青森の伝統工芸品「こぎん刺し」を現代作家がアレンジしたこぎん刺しポットマット2750円～

粘土や釉薬はすべて自然のものから作り出す赤澤正之作の抹茶碗3000円

ゆば菓子や佃煮など
多彩な日光ゆばを楽しむ

日光湯波 ふじや
にっこうゆば ふじや

日光山内 **MAP** 付録P.9 D-3

日光名物のなめらかな生ゆばや揚巻ゆばに加え、ゆば菓子などのオリジナルゆばが豊富。特に香ばしい串ゆば、佃煮などはゆばの味わいを広げる逸品だ。日持ちがよいので、おみやげにもいい。

↑明治元年(1868)創業の老舗
☎0288-54-0097 ㊙日光市下鉢石町809 ㊰8:30～17:30 ㊡水曜不定休 ㊍JR・東武日光駅から東武バス・中禅寺湖方面行きで3分、日光郷土センター前下車、徒歩3分 ㊅なし

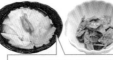

半乾燥のゆばで、赤味噌を巻いて素揚げした串ゆば1箱10本入り1150円

箸休めやご飯のおともに。味付け湯葉180g(だし汁含む)500円 ゆばの佃煮1箱100g 850円

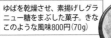

ゆばを乾燥させ、素揚げしグラニュー糖をまぶした菓子。きなこのような風味800円(70g)

おみくじ付きカステラや
門前町の癒やしの甘味

日光カステラ本舗
西参道店
にっこうカステラほんぽ にしさんどうてん

日光山内 **MAP** 付録P.8 B-2

日光カステラは江戸時代に長崎商館長が徳川家にカステラを献上したのが始まり。その由縁を伝える金箔入り日光カステラをはじめ、日光の銘菓が揃う。6～9月頃にはかき氷も味わえる。

☎0288-53-0600 ㊙日光市安川町4-13 ㊰9:00～17:00 ㊡無休 ㊍JR・東武日光駅から東武バス・中禅寺湖方面行きで7分、西参道下車すぐ ㊅なし

三日月氷室の天然氷と濃厚ないちごシロップのかき氷880円。夏季のみ

日光カステラはハニー1180円(250g)。1980円(500g)もある

↑日光自慢の味覚が豊富

自分用にも購入したくなる名店の味
こだわり派の 日光みやげ

時代を超えて愛される王道の日光みやげをはじめ、
新しく台頭して定番となったおみやげまで、厳選して紹介。

↑おしゃれな店内でイートインも可能。季節限定のプリンも購入したい(日光ぷりん亭 日光本店)

日光●買う

A 落合商店
おちあいしょうてん
日光山内 MAP 付録P.9 D-3

日光修験道の歴史と歩んだ名産
江戸時代から輪王寺に供物を納めていた老舗。山での修行時に、僧たちが携えた漬物「志そ巻とうがらし」を昔と同じ製法で手作りする。

☎0288-54-2813 ㊟日光市下鉢石町938 ㊅13:00～売り切れ次第終了 ㊡不定休(主に水曜) ㊋JR・東武日光駅から東武バス・中禅寺湖方面行きで4分、日光支所前下車、徒歩3分 Pなし ※電話予約可

B 日光甚五郎煎餅本舗 石田屋
にっこうじんごろうせんべいほんぽ いしだや
日光山内 MAP 付録P.8 A-3

明治期から愛される定番みやげ
創業は明治40年(1907)。東照宮社殿の彫刻「眠り猫」を手がけた名匠・左甚五郎の名にちなむ煎餅が評判。吟味を重ねた素材で作る、飽きのこない味とサクサクの食感が後を引く。

☎0288-53-1195 ㊟日光市本町4-18 ㊅8:30～17:00 ㊡不定休 ㊋JR・東武日光駅から東武バス・中禅寺湖方面行きで7分、西参道下車、徒歩5分 P10台

C 海老屋長造
えびやちょうぞう
日光山内 MAP 付録P.9 D-3

まろやか風味の日光ゆばの逸品
明治5年(1872)創業の日光ゆばきっての老舗。良質の国産大豆と日光の名水のみを使い、昔ながらの製法で上品な味わいのゆばを作る。

☎0288-53-1177 ㊟日光市下鉢石町948 ㊅9:00～18:00 ㊡水曜(臨時休業あり) ㊋JR・東武日光駅から東武バス・中禅寺湖方面行きで3分、日光郷土センター前下車、徒歩3分 P6台

C 島田ゆば
616円(10個)
昆布結びで見た目も美しい乾燥ゆば。お吸い物などに

C 揚巻ゆば
2808円(15個)
日光湯波を代表する名品。揚げた風味が加わり、煮物や鍋の具などにぴったり

C さしみゆば(2本) 1350円
5代目考案の元祖さしみゆば。生の食感と旨みが最高。自家製たれ付き

■酒饅頭 1150円(6個入り)
●鉢石カフェ(P.72)
生地を発酵させる糀から手作りする究極の酒饅頭

■豆乳水羊羹「鉢石」
250円
●鉢石カフェ(P.72)
湯沢屋の水ようかんと海老屋長造の豆乳を組み合わせた老舗2店のコラボ名菓

A 志そ巻とうがらし
700円(8本入り)
唐辛子、しそをそれぞれ漬け込み、巻いた日光名物。別に大辛味も

A 青唐辛子みそ
700円(200g)
甘味噌と刻んだ志そ巻とうがらしを混ぜた保存食。野菜や豆腐に合う

B 日光甚五郎煎餅
864円(16枚入り)
55年以上ロングセラーを続ける、看板商品の塩バター風味

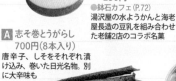

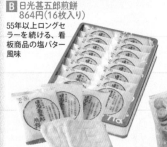

B 日光甚五郎煎餅
一口サイズ各 450円
一口サイズのせんべいがぎっしり。20種もの多彩な味が揃う

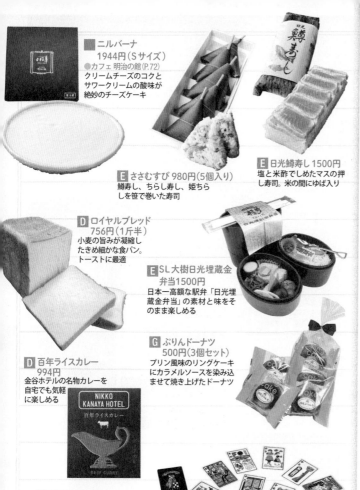

■ ニルバーナ
1944円（Sサイズ）
●カフェ 明治の館（P.72）
クリームチーズのコクと
サワークリームの酸味が
絶妙のチーズケーキ

E ささむすび 980円（5個入り）
鱒寿し、ちらし寿し、姫ちら
しを笹で巻いた寿司

E 日光鱒寿し 1500円
塩と米酢でしめたマスの押
寿司。米の間にゆば入り

D ロイヤルブレッド
756円（1斤半）
小麦の旨みが凝縮し
たきめ細かな食パン。
トーストに最適

E SL大樹日光埋蔵金
弁当1500円
日本一高額な駅弁「日光埋
蔵金弁当」の素材と味をそ
のまま楽しめる

G ぷりんドーナツ
500円（3個セット）
プリン風味のリングケーキ
にカラメルソースを染み込
ませて焼き上げたドーナツ

D 百年ライスカレー
994円
金谷ホテルの名物カレーを
自宅でも気軽
に楽しめる

F 栗入り水ようかん
800円（5本入り）
豊かな小豆の風味と、さっ
ぱりとした甘さが特徴

D とらむぷ 2200円
金谷ホテルを象徴する図柄が描か
れたレトロなオリジナルトランプ

G 日光ぷりん
380円
日光霧降高原大笹牧場の牛乳と日光
御養卵を使用した、とろけるような
なめらかな食感のプリン

F ふだらく饅頭140円
酒種を使った薄皮で上品な
小倉つぶ餡を包
んだ逸品

D 日光金谷ホテル ギフトショップ
にっこうかなやホテル ギフトショップ
日光山内 MAP 付録P.8 C-3

個性的なオリジナル商品に注目
洗練されたオリジナルグッズが充実。
金谷ホテルベーカリーのパンや焼き
菓子も豊富に取り揃える。数量限定
で、百年カレーパイの店頭販売も。

☎0288-53-1361　㊟日光市上鉢石町1300
⊕8:00～18:00（時期により変動あり）
㊡無休　㊍JR・東武日光駅から東武バス・中
禅寺湖方面行きで5分、神橋下車、徒歩3分
Ⓟ60台

E 日光鱒鮨本舗
にっこうますずしほんぽ
日光 MAP 付録P.5 D-4

日光の旬と名産を集めた弁当
マスや舞茸、日光高原牛など特産品
を使った弁当を販売。鱒寿しは日持
ちするのでおみやげに最適。東武日
光駅の売店や道の駅 日光内で購入可。

☎0288-25-5557（日光街道ニコニコ本陣）
㊟日光市今市719-1 道の駅 日光 日光街道ニコ
ニコ本陣　⊕9:00～18:00　㊡第3火曜（祝日
の場合は翌日）　㊍東武・下今市駅から徒歩5分
Ⓟ74台

F ふだらく本舗 石屋町店
ふだらくほんぽ いしやまちてん
日光駅周辺 MAP 付録P.9 E-4

昔ながらの製法を守る菓子処
北海道産小豆をふっくら炊き上げた
自家製餡は、甘さを抑えたやさしい
味。名物のふだらく饅頭はつぶ餡、
こし餡、きんとん餡の3種類で、しっ
とりとした薄皮と餡が好相性。

☎0288-53-4623
㊟日光市石屋町406-4　⊕9:00～17:00
㊡無休　㊍JR・東武日光駅から徒歩8分
Ⓟ5台

G 日光ぷりん亭 日光本店
にっこうぷりんてい にっこうほんてん
日光駅周辺 MAP 付録P.9 E-4

レトロでかわいいプリン専門店
大正ロマンな雰囲気が漂う日光発のプ
リン専門店。材料には日光霧降高原大
笹牧場の牛乳をはじめとした、地元の
食材を使用する。製法にこだわった、
濃厚な味わいのプリンが楽しめる。

☎0288-25-6186　㊟日光市石屋町410-7
⊕10:00～17:00（季節により変動あり）
㊡不定休　㊍JR・東武日光駅から徒歩5分
Ⓟなし

日光 ● 泊まる

中禅寺湖・日光の旅を上質に過ごす
風情のある宿

中禅寺湖が見渡せるホテルや立地の良いシティホテル。
旅スタイルに合わせて滞在先を選びたい。

中禅寺金谷ホテル

ちゅうぜんじかなやホテル
中禅寺湖 **MAP** 付録P.6 B-3

源泉かけ流しの温泉と
伝統のフレンチを満喫

中禅寺湖畔に建つ、カナディアンテイストのリゾートホテル。湯元から引いた源泉かけ流しのにごり湯と、老舗リゾートホテル・日光金谷ホテル（P.51）の伝統を引き継いだ本格的なフランス料理が楽しめる。

☎0288-51-0001 　日光市中宮祠2482
JR・東武日光駅から東武バス・中禅寺湖方面行きで1時間、中禅寺金谷ホテル前下車すぐ　P50台
in15:00 　out11:00 　57室
1泊2食付3万円〜（別途入湯税）

1. ホテル内でもいちばんの広さを誇る「特別室330号室」には、開放感あふれるバルコニーや優雅なベッドルームも　2. 自然に囲まれた大人のためのリゾートホテル　3. 四季折々の景観が満喫できる露天風呂「空ぶろ」4. 地元食材や季節の野菜などを盛り込んだ洗練された一皿。コース料理や、アラカルトも用意

中禅寺湖温泉 ホテル花庵
ちゅうぜんじこおんせん ホテルはなあん
中禅寺湖 **MAP** 付録P.6 C-1

繊細なおもてなしを大切にする 湖畔のリゾートホテル

全客室が中禅寺湖に面しており、季節ごとに変化する美しい眺めが堪能できる。20室のホテルならではのきめ細かなサービスや、プライベート性も人気。お風呂はかけ流しの硫黄泉とアルカリ性単純泉の2種類。

☎0288-51-0105 ㊟日光市中宮祠2480 ㊝JR・東武日光駅から東武バス・中禅寺湖方面行きで45分、中禅寺温泉下車、徒歩5分 Ｐ18台 ㏌15:00 ㏌11:00 ㊟20室 ㊙1泊2食付2万9000円〜

1.「体にやさしい」をテーマに朝夕40種類の新鮮野菜や、地元食材を使った創作料理が並ぶ(写真は夕食用) 2.居心地の良い洋室タイプの客室からは時間・季節によって中禅寺湖の変化を独り占めできる 3.展望風呂のあるスーペリアルームでは、24時間いつでも温泉を満喫できる 4.奥日光から引いた硫黄泉かけ流しの石造りの露天風呂。内風呂ではアルカリ性単純泉も楽しめる

奥日光ホテル 四季彩
おくにっこうホテル しきさい
中禅寺湖 **MAP** 付録P.6 B-4

四季折々の自然を眺めながら 乳白色の温泉に身をゆだねて

奥日光の大自然に囲まれた温泉宿。湯元から引いた乳白色の温泉が人気で、大きな窓を擁した大浴場、眼前に緑が広がる露天風呂ともに癒やされる。客室は露天風呂やジャクジー付き、掘りごたつ付きなど全6タイプを用意。

☎0570-022-251 ㊟日光市中宮祠2485 ㊝JR・東武日光駅から東武バス・中禅寺湖方面行きで57分、奥日光ホテル四季彩入口下車、徒歩5分 Ｐ50台 ㏌15:00 ㏌10:00 ㊟36室 ㊙1泊2食付1万5400円〜

1.客室露天風呂から四季折々の自然が楽しめる(12〜3月は使用不可) 2.地産地消にこだわる会席料理を味わう 3.紅葉を眺めながら温泉を堪能

日光ステーションホテル クラシック
にっこうステーションホテルクラシック
日光駅周辺 **MAP** 付録P.9 F-4

駅前のモダンクラシックな建物が 歴史ある街並みに溶け込む

JR日光駅の正面に位置し、アクセスに便利なリゾートホテル。大浴場は天然温泉を使用した開放的な露天風呂で、旅の疲れも癒やせる。客室は5タイプ、レストランは3タイプなど種類が豊富。

☎0288-53-1000 ㊟日光市相生町3-1 ㊝JR・東武日光駅からすぐ Ｐ40台 ㏌15:00 ㏌10:00 ㊟71室 ㊙1泊2食付1万4000円〜、スイートルームは2万5000円〜

1.50㎡の広い空間でリラックスできる洋風スイートルーム 2.優雅にくつろげる趣ある露天風呂 3.重厚な建築が歴史を感じさせる

日光連山から流れる大谷川の名水と寒気がおいしい酒を生み出す

日光の酒と酒蔵見学

原料選別から精米、製麹、仕込み、搾り、温度管理…すべての仕事をていねいに行う今市の酒蔵へ。
酒蔵見学のあとは、主人の熱い思いを胸に銘酒を持ち帰りたい。

伝統的な酒造りを継承
日光の名水仕込みの日本酒

片山酒造
かたやましゅぞう

日光 **MAP** 付録P.5 D-4

140年余続く老舗酒造。もろみを手作業で袋詰めし、時間をかけて圧搾した酒は純度が高く、芳醇な旨みが味わえる。量産ができず、蔵元直販のみのため足を運んで買い求めたい。

🔼 歴史を感じる看板。酒蔵には見どころがあふれている

☎0288-21-0039　🏠日光市瀬川146-2　🕐8:00〜18:00　⏰無休　🚋東武・下今市駅から徒歩10分　Ⓟ30台

酒蔵見学詳細
時間／10:00〜16:00の間
所要／20分（事前予約が必要）
内容／酒造りの工程やこだわりなどの話を聞きながら見学。試飲もできる。

搾りの時期は搾りたてを試飲できます

🔼 創業以来受け継いでいる「佐瀬式」の搾り機。同式で搾りを行う酒造りは栃木県でも1割程度

🔼 酒造りには大谷川の伏流水を使用。地下16mから汲み上げる

おすすめのおみやげ

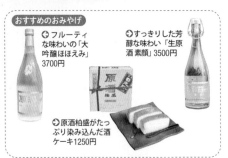

🔼 フルーティな味わいの「大吟醸ほほえみ」3700円

🔼 すっきりした芳醇な味わい「生原酒素顔」3500円

🔼 原酒柏盛がたっぷり染み込んだ酒ケーキ1250円

地元産の素材から造り出す
生粋の日光産純米酒

渡邊佐平商店
わたなべさへいしょうてん

日光 **MAP** 付録P.5 D-4

天保13年（1842）に創業し、現在7代続く酒蔵。純米にこだわり、原料米は地元栃木県産の酒米が大半で、地下から汲み上げる軟水で酒を醸している。純米酒を蒸留し焼酎も造っている。

🔼 かつては栃木県でいちばん大きな酒蔵だった

☎0288-21-0007　🏠日光市今市450　🕐8:00〜18:00　⏰無休　🚋JR今市駅から徒歩8分　Ⓟ10台

酒蔵見学詳細
時間／9:00〜17:00の間
所要／45分（事前予約が必要）
内容／地酒の特色や日本酒の選び方などの話を聞き、最後に利き酒（試飲）を行う。

地元の米で造る酒をぜひ味わって

🔼 仕込み部屋に並ぶタンク。ここで2階から麹入れなどの作業を行う

🔼 酒蔵見学では原料米に関する話も聞くことができる

おすすめのおみやげ

🔼 純米醸造の日本酒を蒸留し熟成させた焼酎「日光誉」1100円（200㎖）

🔼 酒粕の豊かな風味のバウムクーヘン1300円

🔼 奥深いまろやかな味わいの純米大吟醸「清開」3200円（720㎖）

🔼 濃厚な風味が特徴の純米原酒「きざけ日光誉」2500円（720㎖）

鬼怒川・奥鬼怒・塩原

❖

日光国立公園内の奥鬼怒を源流とし、
奥深い山間部の渓谷を流れゆく鬼怒川。
流域には優れた泉質の温泉地が点在、
里山ならではの料理も人気が高い。

川のせせらぎが
聞こえる緑深い
温泉街へ

旅のきほん

エリアと観光のポイント
鬼怒川・奥鬼怒・塩原はこんなところです

温泉宿や立ち寄り湯が点在し、温泉めぐりを満喫。
ライン下りや紅葉狩りも楽しみたい。

鬼怒川・奥鬼怒・塩原

関東有数の大型温泉街
鬼怒川温泉 ➡P.88
きぬがわおんせん

鬼怒川沿いに大型旅館が立ち並ぶ、関東を代表する一大温泉地。首都圏からのアクセスが便利で、毎年多くの観光客が訪れる。付近には日光江戸村など個性豊かなテーマパークが立地。

観光のポイント 施設が整った大型の宿が多く、グループ旅行におすすめ

里山ののどかな趣が魅力
川治温泉・湯西川温泉 ➡P.91
かわじおんせん・ゆにしがわおんせん

川治温泉は古くから湯治場として旅人を癒やしてきた温泉地。湯西川温泉には平家落人の伝説が残る。ともに風情あふれる閑寂な地。美肌の湯と山・川の恵みを堪能したい。

観光のポイント 落ち着いた宿で里山気分を味わい、料理を満喫する

深い森に囲まれた秘湯
奥鬼怒温泉 ➡P.94
おくきぬおんせん

ブナの原生林に包まれた人里離れた温泉郷に、泉質が異なる4つの温泉宿がある。途中から一般車両は乗り入れできないが、その分日常の喧騒から離れ、のんびり過ごすことができる。

観光のポイント バス停から歩くと2時間余り。ハイキングも楽しんで

⬆日帰り入浴ができる施設や旅館が多い塩原温泉郷

福島県

平家の里★
湯西川温泉

栃木県

奥鬼怒温泉

女夫渕温泉　川俣温泉
川俣湖

湯沢峠

金精峠

小田代原

山王峠

戦場ヶ原

川治温泉

上ノ原

鬼怒川

23

120

千手ヶ原

西ノ湖

中禅寺湖

華厳ノ滝★

いろは坂

日光市

日光東照宮★

清滝IC

白足トンネル

122

間藤駅
足尾駅
通洞駅
原向駅

長い歴史が息づく温泉郷
塩原温泉郷 ➡ P.96
しおばらおんせんきょう

1200年以上の歴史を持つといわれる、由緒ある温泉郷。箒川沿いの渓谷に11の温泉があり、古くは文豪にも愛された。塩原渓谷遊歩道を散策したり、地元の名物グルメを味わうのもいい。

| 観光の ポイント | 泉質の種類が豊富で、湯めぐりが楽しめる。イベントも多彩 |

交通information

主要エリア間の交通

電車・バス

JR日光駅
↻JR日光線で約45分

JR宇都宮駅
↻JR宇都宮線で約40分

JR西那須野駅
↻JRバスで約45分

塩原温泉バスターミナル

東武日光駅
↻東武日光駅から東武鬼怒川線に乗り換えで約45分

鬼怒川温泉駅
↻しおや交通バスで約1時間35分 / 約20分 野岩鉄道で
直通野岩鉄道で約20分

女夫渕
↓
徒歩1～2時間、または送迎バス
↓
奥鬼怒温泉

川治湯元駅
↻野岩鉄道で約5分

湯西川温泉駅
↻日光交通バスで約25分 / ↻野岩鉄道で約11分

湯西川温泉 / 上三依塩原温泉口
↻ゆ～バスで約23分

塩原温泉バスターミナル

車

日光IC
↻国道121号で約20km

鬼怒川温泉
↻国道121号(一部県道19号)で約9km / ↻日光もみじラインで約36km

川治温泉
↻国道121号経由、県道249号で約18km / ↻国道121号経由、国道400号で約30km

塩原温泉 / 湯西川温泉

問い合わせ先

観光案内
日光市観光協会 ☎0288-22-1525
塩原温泉観光協会 ☎0287-32-4000

交通
東武鉄道お客さまセンター
☎03-5962-0102
野岩鉄道(会津鬼怒川線)
☎0288-77-2355
日光交通ダイヤル営業所
☎0288-77-2685
しおや交通 ☎0287-46-0011

鬼怒川・奥鬼怒・塩原はこんなところです

雄大な渓谷美を誇る温泉街

鬼怒川温泉

きぬがわおんせん

深い渓谷沿いに開けた東京の奥座敷。
四季折々の景色が素晴らしく、特に紅葉は見事。

諸大名が愛した由緒正しき温泉
多彩な観光スポットも充実

　鬼怒川渓谷のほとりに旅館やホテルが立ち並ぶ関東屈指の温泉地。江戸時代は日光詣での僧侶や大名のみが利用を許されていたが、明治時代に一般開放された。アルカリ性単純温泉の湯は無色透明で肌にやさしく、なめらかな感触。周辺には日光江戸村や東武ワールドスクウェアなどがあり、温泉以外の見どころも多い。

お役立ちinformation

鬼怒川温泉へのアクセス
●バスでのアクセス
日光・鬼怒川エクスプレスで日光の西参道〜鬼怒川温泉駅まで約50分（1日2便・要予約）。
●電車でのアクセス
東武日光駅から東武日光・鬼怒川線で約45分。
●車でのアクセス
日光宇都宮道路・日光Cから国道121号で約20km・30分。

問い合わせ先
日光市観光協会　☎0288-22-1525
日光交通ダイヤル営業所　☎0288-77-2685

黄門様ゆかりの葵紋まんじゅう

おおあみ

鬼怒川での湯浴みの合間に訪れたい銘菓が揃う。特に自家製まんじゅうが絶品。

MAP 付録P.11 F-2
☎0288-77-0133　住日光市鬼怒川温泉滝543　営8:30〜18:00　休水曜（臨時休業あり）　交東武・鬼怒川温泉駅から徒歩15分　P3台

かりんとうまんじゅう
1個140円
揚げた香ばしさとカリッとした食感が格別のおいしさ

鬼怒川温泉まんじゅう
1個110円
黒糖入りのやわらかな皮と最高級小豆の餡のコラボが絶妙

地元の素材を使うこだわりバウム

バウムクーヘン工房 はちや
バウムクーヘンこうぼう はちや

日光の地卵、幻のカルピスバター、北関東産の小麦を使い一層一層ていねいに焼くバウムクーヘンはなめらかな味わい。

MAP 付録P.11 E-4
☎0288-77-1453　住日光市鬼怒川温泉大原1396-10　営9:00〜17:00　休不定休　交東武・鬼怒川温泉駅からすぐ　P10台

はちやバウムロール
売り切れ必至で1日10本限定。季節によって中のフルーツが変わる

はちやバウム
1480円〜
しっとりふわふわの食感。サイズは3種類ある

スパ付きの宿でワンランク上の滞在

鬼怒川温泉の湯宿

由緒ある温泉地で、鬼怒川を眺めながら贅沢な時間を過ごす。
極上の宿で味わう非日常のひとときを堪能したい。

↑半露天風呂付きのAタイプ。月見台があり広々とした客室

若竹の庄 別邸笹音

わかたけのしょう べっていささね

MAP 付録P.10 C-1

清流を望む眺望抜群の客室と
リンパトリートに癒やされる

全室露天風呂付きの、鬼怒川を見下
ろせる客室が自慢。料理は、季節の
彩りが感じられる会席料理。エステ
スペースでは、リンパの流れを促し
老廃物を排出する、アロマリンパト
リートが受けられる。

↑おもてなしの心が息づく洗練されたロビーラウンジ

☎0288-76-3000
所日光市鬼怒川温泉藤原136 交東武・鬼怒川公園駅から徒歩7分
P40台 in15:00
out10:00 室16室
予約1泊2食付2万9160円～

↑和洋室のCタイプ。落ち着きのある空間が楽しめる　↑Aタイプの和室からは川のせせらぎも聞こえる

おすすめのスパメニュー

●経絡リンパドレナージュ
女性限定の腹部のトリートメント
が入ったコース。2万2500円(90分)

アロマリンパトリートメントルーム
☎15:00～20:30(最終受付)

↑鬼怒川のマイナスイオンが感じられる渓谷に面した露天風呂

鬼怒川温泉ホテル

きぬがわおんせんホテル

MAP 付録P.11 F-2

鬼怒川に面した老舗ホテル
ブッフェや温泉も好評

広々とした和室や和洋室、キッ
ズやベビーも安心の客室などが
あり、旅のスタイルに応じた滞
在が可能。足の裏を刺激し、内
臓や内分泌腺の活性化を促すリ
フレクソロジーは、20分から気
軽に癒やしを体感できる。

おすすめのスパメニュー

●足つぼ40分コース
足裏とふくらはぎをじっくりケ
アしてくれる。4400円(40分)

リフレクソロジーNAKA
☎16:00～23:00(最終受付)

→シモンズベッドを配した、上質なくつろぎの和洋室

☎0288-77-0025 所日光市鬼怒川温泉滝545 交東武・鬼怒川温泉駅から日光交通・ダイヤルバスで7分、鬼怒川温泉ホテル玄関前下車すぐ P100台
in15:00 out10:00 室162室
予約1泊2食付1万6500円～

↑「古代檜の湯」は、樹齢2000年の檜を使った湯船が特徴

鬼怒川金谷ホテル

きぬがわかなやホテル

MAP 付録P.11 E-4

和と洋が融合した
おもてなしの旅館

全面ガラス張りのテラス
から鬼怒川の渓谷美を望
むモダンな旅館。2023年
7月オープンのダイニング
「鉄板膳所かなや」では、
モダンな空間で伝統の和
食とフレンチの技を活か
した金谷流鉄板懐石料理
を楽しめる。

☎0288-76-0001
所日光市鬼怒川温泉大原1394 交東武・鬼怒川温泉駅から徒歩3分 P30台 in14:00
out11:00 室41室
予約1泊2食付3万7550円～

おすすめのスパメニュー

●フェイシャルトリートメント
トリートメントとエッセンス
で肌悩みをケア。2万円(60分)
※要予約

スパ・トリートメント・サロン
☎14:00～18:00、20:30～22:00(最終受付)

→鉄板膳所かなや

→クラブフロアスイート和洋室

鬼怒川温泉

89

大自然が織りなすダイナミックな景観
鬼怒川ライン下り

ときにはスリリングに、ときには穏やかに。
緩急のついた川下りで自然に親しむ。

新緑や紅葉など、季節によって
表情を変える渓谷はまさに絶景

鬼怒川ライン下り
きぬがわラインくだり
MAP 付録P.11 E-4

夏は新緑、秋は紅葉
鬼怒川の渓谷美を間近に体感

船上から大自然がつくり出した絶景が楽しめる。楯岩、像岩など奇岩が多く、美しい鳥や川魚が見られることも。アクティブなツアーだが、1歳から乗船できる。

鬼怒川温泉駅から歩いて行ける。乗船時間は約40分

☎0288-77-0531 ㊐日光市鬼怒川温泉大原1414 営9:00〜15:45(乗船時刻、1日12便程度運航)※天候により欠航あり 料大人3200円 交東武・鬼怒川温泉駅から徒歩5分 P150台

↑スリル満点の川下り。季節ごとに異なる景色が見事

鬼怒川の2大テーマパーク

江戸時代を再現した町並みやミニチュアパーク。
日常とは異なる世界が体験できる施設へ。

EDO WONDERLAND 日光江戸村
エド ワンダーランド にっこうえどむら
MAP 付録P.10 A-4
江戸の町にタイムスリップ

江戸の武家屋敷や商人町が再現され、江戸時代が体験できる。変身して町を歩けば気分はすっかり江戸人に。ユニークな江戸の料理も楽しみたい。

↑町並みを精巧に再現

☎0288-77-1777 ㊐日光市柄倉470-2 営9:00〜17:00冬期9:30〜16:30 休水曜、ほか不定休※公式HPで要確認 料5800円 交東武・鬼怒川温泉駅から日光交通バス・日光江戸村行きで22分、日光江戸村下車すぐ・日光東照宮前から無料送迎バスあり P2000台

↑町人や侍に変身できる

東武ワールドスクウェア
とうぶワールドスクウェア
MAP 付録P.10 B-3
世界の建築物や遺跡を再現

世界遺産をはじめとする世界各国の建造物を、25分の1スケールで再現。犬のリード入園も可能で、愛犬との小さな世界一周旅行が叶う。

↑各国の名所が一堂に

☎0288-77-1055 ㊐日光市鬼怒川温泉大原209-1 営日によって異なる※公式HPにて要確認 休無休 料2800円(当日券) 交東武ワールドスクウェア駅から徒歩1分 P1000台

↑現実ではなかなか見られない景色も

鮮やかな峡谷に囲まれた名湯

川治温泉
かわじおんせん

江戸時代から旅人の疲れを癒やしてきた湯治場。
龍王峡の静かな環境とひなびた風情が心地よい。

↑新秋は色鮮やかな紅葉に目を奪われる

趣ある川辺の共同浴場が人気
絶景の龍王峡にも足を運びたい

　男鹿川と鬼怒川の合流地に、10軒ほどの湯宿がたたずむ。享保年間(1716〜36)、川が氾濫した際に偶然温泉が発見され、湯治の場として、また会津街道の宿場町として親しまれてきた。新選組の土方歳三が宇都宮の戦いで受けた傷を癒やしたとの言い伝えも。景勝地「龍王峡」(P.20)まで遊歩道が整備され、トレッキングも楽しめる。

お役立ちinformation

川治温泉へのアクセス

●電車・バスでのアクセス
東武日光駅からは東武日光線を経て、新藤原駅で野岩鉄道・会津鬼怒川線に乗り換え、川治湯元駅まで約20分。川治湯元駅からは、目的地まで徒歩、または日光交通バス・川治温泉駅方面行きを利用。
●車でのアクセス
日光宇都宮道路・日光ICから川治湯元駅まで国道121号、龍王峡ラインで約29km・45分。

問い合わせ先

日光市観光協会　☎0288-22-1525
日光交通ダイヤル営業所　☎0288-77-2685

鬼怒川温泉／川治温泉

山あいにたたずむ上質なリゾート空間

川治温泉の湯宿

雄大な自然を感じる、心も体も休まる癒やしの空間。
静謐な温泉郷で歴史ある名湯を楽しむ。

湯けむりの里 柏屋
ゆけむりのさとかしわや
MAP 付録P.5 E-2

大正15年創業の老舗旅館
部屋食や貸切風呂でくつろいで

鬼怒川と男鹿川が眼前に広がり、開放感あふれる旅館。露天風呂付き貸切風呂があり、景色もお風呂も贅沢に堪能できる。客室は、渓流や庭園を望む落ち着いた造り。目の前を走る野岩鉄道や四季折々の庭の景色も楽しんで。

↑料理は季節を感じさせる繊細な味わい

↑山々の自然が楽しめる客室「月見亭」

☎0288-78-0002
所日光市川治温泉高原62　交東武・川治湯元駅から徒歩15分(送迎あり)
P40台
in15:00 out10:00
室53室 予1泊2食付1万9000円〜

↑目の前に絶景が広がる男性用露天風呂

↑新緑や紅葉など、季節の風景が楽しめる露天風呂は何度も訪れたくなる

界 川治
かい かわじ
MAP 付録P.5 E-2

水車が出迎えてくれる
里山の静かな滞在施設

渓流のせせらぎが聞こえる居心地のよい客室には、窓に向けて大きなソファが配置され、まるで森林浴をしているような気分が味わえる。料理は山・川の恵みを用いた季節の会席。里山工房では、石臼を使ったきな粉作りや紙漉き体験もできる。

↑野州麻(やしゅうあさ)でしつらえた「ご当地部屋」。全室にベッドを完備

☎050-3134-8092
(界 予約センター)
所日光市川治温泉川治22　交東武・川治湯元駅から車で5分
P40台 in15:00
out12:00 室54室
予1泊2食付2万5000円〜

平家の落人伝説が残る隠れ里

湯西川温泉
ゆにしがわおんせん

山懐に抱かれた平家ゆかりの地として名高い温泉郷。
のんびり湯に浸かって歴史に思いを馳せる。

昔ながらの風情をとどめる山里

渓谷を望む露天風呂で心を癒やし野趣あふれる郷土料理に舌鼓

　壇ノ浦の戦いに敗れた平家の落人が隠れ住んだと伝えられる集落。湯西川沿いに情緒ある旅館や民家が立ち並び、美しい景観を形成している。豊富な湯量を誇る温泉のほか、囲炉裏端で味わう落人料理も魅力。1月下旬〜3月上旬のかまくら祭の時期には、河川敷に約1200のかまくらが並び、ろうそくの明かりが灯る週末の夜は幻想的な雰囲気に包まれる。

お役立ちinformation

湯西川温泉へのアクセス

●電車・バスでのアクセス
東武日光駅から東武線と野岩鉄道で約45分、湯西川温泉駅にアクセスし、日光交通バス・湯西川温泉行きで約25分。

●車でのアクセス
日光宇都宮道路・日光ICから湯西川温泉駅まで、国道121号で北上、湯西川温泉までは県道249号を利用。約47km・1時間10分。

問い合わせ先

日光市観光協会　☎0288-22-1525
日光交通ダイヤル営業所　☎0288-77-2685

↑かまくら祭の期間中、4人ほどが入れるかまくらの中でバーベキューができる（要予約）

平家ゆかりのスポット

平家落人の生活・風習を後世に伝える民俗村

平家の里
へいけのさと

MAP 付録P.4 C-1

↑6月は平家大祭が開かれ、町を練り歩く平家絵巻行列が見もの

町内の茅葺き屋根の民家を移築し、平家落人の生活様式を保存・継承するために再現した。暮らしの知恵が偲ばれる民具のほか、鎧、鞍、弓などの武具を展示している。

☎0288-98-0126　所日光市湯西川1042　営8:30〜17:00 12〜3月9:30〜16:30　休無休　料510円　交野岩鉄道・湯西川温泉駅から日光交通バス・湯西川温泉行きで20分、湯西川温泉終点平家の里下車すぐ　P50台

標高600mの天空の駅

道の駅 湯西川
みちのえき ゆにしがわ
MAP 付録P.5 D-1

↑車や電車利用者にも便利な湯西川の玄関口として建つ

地元の食材を使った食事処やみやげ販売のほか、源泉かけ流しの温泉や無料の足湯も併設している。

☎0288-78-1222　所日光市西川478-1　営9:00〜17:00、温泉10:00〜20:00、食事処は10:30〜15:00　休不定休、温泉は第3火曜　交野岩鉄道・湯西川温泉駅からすぐ　P54台

↑サンショウウオの燻製1000円

↑栃木県産のイチゴ果汁を練り込んだ食パン450円(1斤)

緑深い山に抱かれた渓流を望む
湯西川温泉の湯宿

平家の歴史が息づく地に趣深い宿が点在。緑豊かな里山で、泉質のよい湯と名物の囲炉裏料理をいただきたい。

△土塀を配した懐かしさを感じさせる客室「清盛」。半露天風呂付きの部屋

本家 伴久
ほんけ ばんきゅう
MAP 付録P.4 C-1

歴史ロマンを感じさせる
平家ゆかりの老舗旅館

江戸初期に創業した、平家直孫の宿。古木を再利用した古民家風の客室は、部屋ごとに趣が異なるつくり。湯西川の囲炉裏料理発祥の宿でもあり、囲炉裏焼きと季節の創作会席も評判高い。

☎0288-98-0011 所日光市湯西川温泉749 交野岩鉄道・湯西川温泉駅から日光交通バス・湯西川温泉行きで20分、本家伴久旅館前下車すぐ P50台 in15:00 out10:00 室26室 予算1泊2食付2万2300円～

肌をすべすべにしてくれると評判。露天と内風呂を完備

△冬のかまくら祭や夏の避暑期に多くの人が訪れる

△火を囲んで山川の素材を楽しむ名物の囲炉裏焼き

彩り湯かしき 花と華
いろどりゆかしき はなとはな
MAP 付録P.4 C-1

四季の魅力を五感で感じ
美肌の湯で心まで潤う

渓流沿いの山あいに建つ宿からは、自然が織りなす四季折々の景観が望める。温泉は、露天風呂や大浴場など全10種。川のせせらぎが聞こえる露天風呂で温泉めぐりを楽しんだあとは、囲炉裏を囲みながら料理を味わって。

☎0288-98-0321 所日光市湯西川温泉601 交野岩鉄道・湯西川温泉駅から日光交通バス・湯西川温泉行きで17分、ホテル花と華前下車すぐ P50台 in15:00 out10:00 室76室 予算要問合せ

△美しい自然が見える、清潔感のある純和風の客室

△地元の食材をふんだんに使った「平家お狩場焼」

△温泉はすべて源泉かけ流し。やわらかくツルツルとした湯あたり

上屋敷 平の髙房
かみやしき たいらのたかふさ
MAP 付録P.4 C-1

山々を望む温泉と
囲炉裏焼きが人気

奥湯西川に位置する里山の閑静な宿。古民家一棟貸しの離れ2つを含む、趣の異なる4棟が広大な敷地に点在。pH8.5の全国屈指の美肌の湯をはじめ、旬の食材を炭火で焼き上げた湯西川名物の囲炉裏会席も楽しみ。

☎0288-98-0336 所日光市湯西川1483 交野岩鉄道・湯西川温泉駅から日光交通バス・湯西川温泉行きで25分、終点下車、徒歩20分(送迎あり) P20台 in15:00 out10:00 室18室 予算1泊2食付1万7000円～

△半露天風呂付きの和洋室が2023年にオープン

△全国から取り寄せた旬の素材と山川の幸を味わう囲炉裏会席

△pH9.3の高アルカリ泉。入るたびに肌は潤い、体はポカポカに

関東最後の秘湯として有名

奥鬼怒温泉
おくきぬおんせん

人里離れた山奥にひっそりと湧く秘湯。
長い山道を歩いてたどり着けば感動もひとしお。

鬼怒川の上流部。喧騒から離れた静寂の世界が広がる

鬼怒川・奥鬼怒・塩原 ●

渓流のせせらぎを聞きながら
自然との一体感を存分に満喫

　鬼怒川の源流付近に位置する奥鬼怒温泉は、関東最後の秘湯と呼ばれる温泉郷。加仁湯、手白澤温泉、日光澤温泉、八丁の湯といった泉質の異なる4つの温泉が点在している。それぞれに1軒ずつ宿があり、手白澤温泉以外は日帰り入浴も可能。一般車の乗り入れは禁止されているためアクセスはやや困難だが、日常から隔絶された静かな時間が過ごせる。

↑奥鬼怒の終着駅、女夫渕(めおとぶち)のバス停。奥鬼怒自然研究路のハイキングを楽しみながら宿へ

お役立ちinformation

奥鬼怒温泉へのアクセス

●電車・バスでのアクセス
日光駅からは、東武線で鬼怒川温泉駅にアクセスし、しおや交通バス・女夫渕行きで約1時間35分。秘湯へは、女夫渕バス停(駐車場)から徒歩(約1〜2時間)、または送迎バスを利用して移動する。
●車でのアクセス
日光宇都宮道路・日光ICから川治湯元駅まで、国道121号で約29km・45分を経て、県道23号で西へ約36km・1時間で女夫渕(駐車場・バス停)へ。

問い合わせ先

日光市観光協会	☎0288-22-1525
しおや交通	☎0287-46-0011

トレッキングを楽しみながら

散策途中で秘湯巡り
珍しい植物も観賞したい

奥鬼怒自然研究路
おくきぬしぜんけんきゅうろ
MAP 付録P.4 A-2

　女夫渕温泉から奥鬼怒温泉を経て、鬼怒沼へと続くトレッキングコース。個性豊かな秘湯を巡りながら歩くのが楽しい。夏には高原植物の花が咲き、秋には湿原一帯が草紅葉で赤く色づく。展望台からは迫力ある滝が見渡せる。

←→道は整備されているため比較的歩きやすい

奥鬼怒温泉の湯宿

鬼怒川源流付近の秘境にある、知る人ぞ知る温泉郷。
大自然に囲まれながら、開放感あふれる風呂と四季の美景を堪能する。

↑女性専用の第一露天風呂。部屋のユニットバス
以外、すべて源泉かけ流し

奥鬼怒温泉 加仁湯

おくきぬおんせん かにゆ

MAP 付録P.4A-2

対岸の緑を眺めながら
白濁湯をゆったりと満喫

鬼怒川源流にある温泉郷で、泉質が異なる5つの源泉を持つ。なかでも「美人の湯」と呼ばれる白濁した露天風呂は、肌がツルツルになると評判。料理は、旬の山菜やきのこ、川魚など地元産の山・川の幸をふんだんに使用。

☎0288-96-0311 所日光市川俣871
交女夫渕バス停から徒歩1時間20分（女夫渕バス停・駐車場から送迎あり）
Pなし in13:00 out9:00 ※不定休
室48室 予約1泊朝食付1万3110円～

↑夕飯は季節の山菜川魚膳。鹿刺しなど珍しい料理もある（別注）

←秘境に建つ大きな宿

↑森の緑を望む客室。宿泊者は貸切露天風呂が利用できる

八丁の湯

はっちょうのゆ

MAP 付録P.4A-2

山あいにたたずむ一軒宿で
極上なひとときを

敷地内に8つの源泉が湧き出ており、源泉かけ流しのお湯が楽しめる。客室は奥鬼怒の豊かな原生林に囲まれた安らぎのログハウスとぬくもりの本館和室。地元素材を用いた心づくしの料理も味わい深い。

☎0288-96-0306 所日光市川俣876
交女夫渕バス停から徒歩1時間30分（女夫渕バス停・駐車場から送迎あり）
Pなし in14:00 out10:00 ※冬期は不定休 室35室 予約平日1万5400円～、土・日曜1万7050円～

↑上質なひとときが過ごせる、本物志向の宿

↑ログハウスには、天井が高い和室もある

↓滝が眺められる露天風呂。お風呂は露天が4つ、内湯が2つある

日光澤温泉

にっこうざわおんせん

MAP 付録P.4A-2

秘境ムード満点の宿で
2種類の温泉を楽しむ

愛らしい3匹の看板犬が出迎える癒やしの宿。泉質の異なる2種類の露天風呂では手つかずの大自然を肌で感じられる。早朝出発の場合は、事前に頼むとおにぎり弁当を購入することもできる。

☎0288-96-0316 所日光市川俣874
交女夫渕バス停から徒歩1時間30分（送迎なし）Pなし in14:00 out夏期9:00、冬期9:30 ※不定休 室10室
予約1泊2食付1万1000円～

↑山小屋の風情を残す、趣のある素朴な客室

↑緑深い山奥に建つ木造のレトロな建物

↑乳白色の湯と透明の湯の2種類の露天風呂が楽しめる

塩原温泉郷
しおばらおんせんきょう

1200年以上の歴史を持つ温泉郷。
明治から昭和にかけて、名だたる文豪たちが訪れた。

箒川からの渓谷の眺め。川のせせらぎと爽やかな風を感じる

鬼怒川・奥鬼怒・塩原

全国でも珍しい多様な源泉の宝庫 それぞれに異なる泉質を堪能する

古くから「塩原十一湯」と呼ばれてきた塩原温泉郷は、箒川の渓谷周辺に連なる11の温泉地の総称。大同元年(806)の開湯と伝えられ、1200年以上にわたり上質な湯で人々を魅了してきた。約150の源泉が点在しており、泉質は塩化物泉、炭酸水素塩泉、硫黄泉などさまざま。夏目漱石や谷崎潤一郎をはじめ、多くの文人たちに愛されたことでも知られる。

)(お役立ちinformation)(

塩原温泉へのアクセス

●電車・バスでのアクセス
日光駅から、東武線と野岩鉄道で上三依塩原温泉口駅にアクセスし、ゆ〜バスで塩原温泉バスターミナルへ向かう鬼怒川経由(所要2時間15分)、JR日光線・JR宇都宮線で西那須野駅にアクセスし、JRバスで塩原温泉バスターミナルへ向かう西那須野経由(所要2時間50分)がある。
●車でのアクセス
鬼怒川温泉から日塩もみじラインを利用して約36km・1時間。日光ICから日光宇都宮道路、東北自動車道を経由して約66km・50分、西那須野塩原ICへ。塩原温泉までは、国道400号を経由して約12km・18分。

問い合わせ先

塩原温泉観光協会　☎0287-32-4000
JRバス関東 西那須野支店　☎0287-36-0109

塩原温泉を愛した文豪

明治以降、夏目漱石や谷崎潤一郎、尾崎紅葉など、多くの文豪たちが塩原温泉を訪れ、この地を題材とした詩や日記、小説などの作品を残した。そんな文人ゆかりのスポットを巡りたい。また、観光案内所併設の「塩原もの語り館」では塩原を訪れた文人墨客に関しての展示が行われているので、あわせて訪れたい。

↑漱石は塩原滞在中、妙雲寺や塩原八幡宮、源三窟、竜化の滝などを歩いた

夏目漱石漢詩碑
なつめそうせきかんしひ
MAP 付録P.17 D-3
大正元年(1912)に塩原温泉を訪れた漱石が詠んだ漢詩碑が妙雲寺(P.97)境内に立つ。近くには漱石の文学碑も。

紅葉山人之像
こうようさんじんのぞう
MAP 付録P.17 E-4
尾崎紅葉が『金色夜叉』を起草した宿「清琴楼」の玄関前に紅葉の像が立つ。本館には当時の面影が残る(見学のみ)。

室生犀星文学碑
むろうさいせいぶんがくひ
MAP 付録P.17 D-4
温泉施設「湯っ歩の里」庭園内には犀星の詩『塩原道』が刻まれている。彼は二度塩原に滞在し、随筆『秋山煙霞行』も執筆。

歴史も自然も見どころ満載

温泉街を歩く

箒川沿いに宿が立ち並ぶ温泉街。
塩原八幡宮から東に進み、渓谷美を観賞。

妙雲寺
みょううんじ

MAP 付録P.17 D-3

平　重盛の妹にあたる、妙雲禅尼が開祖といわれる寺。毎年5月にはぼたんまつりが開催される花の名所。

紅の吊橋
くれないのつりばし

MAP 付録P.17 D-3

塩原もの語り館の裏にある吊橋。紅葉の名所としても知られる。橋を渡ると露天風呂のもみじの湯がある。

塩原八幡宮
しおばらはちまんぐう

MAP 付録P.17 D-1

誉田別尊を祀る社。境内には、逆杉という巨木が2本並んでおり、推定樹齢は約1500年ともいわれる。

史跡鍾乳洞源三窟
しせきしょうにゅうどうげんざんくつ

MAP 付録P.17 E-1

元暦2年(1185)、壇ノ浦の戦いの後、義経の一族として追われた源有綱が隠れ住んだといわれる鍾乳洞。

七ツ岩吊橋
ななついわつりばし

MAP 付録P.17 E-4

箒川に架かる、全長87mの橋。天狗岩などが見渡せる絶景ポイント。

塩原温泉郷

塩原名物が楽しめる店

榮太楼
えいたろう

MAP 付録P.17 D-4

昭和元年(1926)創業。くるみ最中、田舎まんじゅう、とてやき、柚羊羹など塩原の和菓子が揃う。

絶妙な甘さの「くるみ最中」170円

☎0287-32-2155 ⑮那須塩原市塩原689 ⑮8:30～17:30(カフェ10:30～15:30) ⑯不定休 ⑯JR西那須野駅からJRバス・塩原温泉バスターミナル行きで40分、塩原門前下車すぐ ⑰4台

くだものやカフェ 藤屋
くだものやカフェ ふじや

MAP 付録P.17 D-4

大正元年(1912)創業の青果店が近年カフェに。手作りのスイーツや生ジュースなど体にやさしい味わい。

☎0287-32-2314 ⑮那須塩原市塩原689 ⑮10:00～18:00 ⑯不定休 ⑯JR西那須野駅からJRバス・塩原温泉バスターミナル行きで40分、塩原門前下車すぐ ⑰2台

「豆乳クリームのパフェとて」700円

具だくさんの「スープ入り焼きそば」800円

釜彦
かまひこ

MAP 付録P.17 D-3

古くから地元で愛される老舗食堂。ソース焼きそばに醤油味のスープを注いだ名物はクセになるおいしさ。

☎0287-32-2560 ⑮那須塩原市塩原2611 ⑮11:00～15:00(売り切れ次第閉店) ⑯不定休 ⑯JR西那須野駅からJRバス・塩原温泉バスターミナル行きで45分、終点下車、徒歩10分 ⑰20台

塩原温泉の湯宿

豊富な源泉を誇る個性豊かな宿

6種類の泉質を持つ塩原温泉。性質や効能から選べるほどの多様さは日本随一を誇る。露天風呂でゆっくり楽しむのもよい。

割烹旅館 湯の花荘

かっぽうりょかん ゆのはなそう

MAP 付録 P.17 E-4

塩原の湯と季節の料理を心ゆくまで味わう

美しい渓流を眺めながら、源泉かけ流しの露天風呂に入ったら、自慢の割烹料理を存分に味わいたい。ゆっくりと楽しめるようにと、個室で旬の味を一品ずつ提供してくれる。

☎0287-32-2824 所那須塩原市塩原323 交JR西那須野駅からJRバス・塩原温泉バスターミナル行きで60分、バス停湯の花荘下車すぐ P40台 in15:00 out11:00 客11室 予1泊2食付3万4100円～

↑色鮮やかな食材やとちぎ和牛、地元の野菜などを使用した懐石コース。季節の味わいを堪能

↑全11部屋すべての客室から箒川の渓流を眺めることができる

↑2023年4月にリニューアルオープンした離れプレミアムスイート「出雲」

↑露天風呂をはじめ、館内すべての風呂が源泉かけ流しで楽しめる

↑露天と内湯が24時間楽しめる。17時までの到着で貸切無料のサービスも

四季味亭 ふじや

しきみてい ふじや

MAP 付録 P.17 D-1

山里にたたずむ隠れ宿で安らぎと癒やしのひとときを

6室のみの落ち着ける宿で、客室は露天風呂付き客室やローベッドを配したモダンな和洋室など、旅のスタイルに応じてさまざま。一流料亭を思わせる真心込めた山海懐石料理が味わえ、記念日に利用する人も多い。

☎0287-32-2761 所那須塩原市上塩原675 交野岩鉄道・上三依塩原温泉口駅からゆーバス・塩原温泉バスターミナル行きで14分、元湯温泉口下車すぐ P10台 in15:00 out10:00 客6室 予1泊2食付2万5500円～

↑和風モダンテイストの、寝室が付いた露天風呂付き客室Eタイプ。ぬくもりのある空間

↑過ごしやすさを追求した、マッサージチェア付き客室

↑料理長が丹誠込めて提供する、オリジナル料理

湯守 田中屋

ゆもり たなかや

MAP 付録 P.17 F-1

お湯と食にこだわった明治創業の老舗温泉宿

「効き目あらずばお宿代返す」が謳い文句の歴史ある温泉宿で、野天風呂、渓谷風呂など趣の異なる8つの天然風呂が名高い。調味料や野菜など、厳選食材を用いたこだわりの料理は、体と心にやさしい手作りが信条。

☎0287-32-3232 所那須塩原市塩原6 交JR西那須野駅からJRバス・塩原温泉バスターミナル行きで30分、塩原大網下車すぐ P40台 in15:00 out10:00 客19室 予1泊2食付1万5650円～

↑木々に囲まれた階段を下りると、野天風呂が現れる

↑炭火を使い、旬の野菜や川魚を味わえる炉端料理

↑目の前に絶景が広がる露天風呂付きの特別室

那須

❖

主峰・茶臼岳の裾野に広がる
リゾートエリアには、
美術館など観光施設が充実。
おいしい空気に高原野菜、
そしてとちぎ和牛など、
地元のグルメにも舌鼓。
名品揃いの高原みやげも忘れずに。

那須連山の
麓に広がる
高原リゾート

旅のきほん

エリアと観光のポイント
那須はこんなところです

グルメ、温泉、動物園と、旅の楽しみが盛りだくさん。
のどかな高原地で心安らぐ休日を過ごしたい。

↑酪農エリアでもある。
牧場を訪れるのも楽しい

自然美と地元産品を満喫
那須高原 ➡P.102
なすこうげん

自然の名所や観光スポットが多く、高原
に咲く四季折々の花を眺めたり、美術
館巡りや動物とのふれあいも楽しめる。
地元の特産品を使ったレストランやカ
フェでの食事も旅の醍醐味。

**観光の
ポイント** 観光地が多いので、旅のプラ
ンニングは目的に応じて

那須●

隠れ家宿で温泉を楽しむ
那須温泉郷 ➡P.118
なすおんせんきょう

那須温泉郷は約1390年前に発見され
た由緒ある温泉。エリアには、10室前
後の隠れ家やグルメ自慢の温泉宿など、
個性あふれる多くの旅館やペンション
があり、旅人を癒やしてくれる。

**観光の
ポイント** ひっそりとたたずむ一軒宿で、
落ち着いたひとときを

茶臼岳

深山湖

那須ハイランドパーク ★

那須塩原市

♨塩原温泉

千本松牧場

会津東街道

西那須野塩原IC

宇都宮IC

↪開放的なテラスで那須の食材を使用した
デザートが食べられるCafe Facile (P.113)

↪那須アルパカ牧場 (P.106) など
動物とふれあえる場所も多い

郡山IC

福島県

西郷村

陸羽街道

♨大丸温泉
♨北温泉
弁天温泉
♨八幡温泉

那須町　★那須平成の森

白河IC

新白河駅

那須温泉郷

那須高原

那須高原

4

那須トンネル

★那須高原 南ヶ丘牧場

豊原駅

★那須サファリパーク

那須高原SIC

那須町

那須高原りんどう湖
ファミリー牧場 ★

陸羽街道

東北本線

栃木県

黒田原駅

那須IC

高久駅

294

那須ガーデン
アウトレット

那須塩原市

黒磯駅

黒磯板室IC

東北自動車道

那須塩原駅

↪光が差し込み、美しい空間が生み出される
那須ステンドグラス美術館 (P.105)

宇都宮駅↩

交通information

主要エリア間の交通

電車・バス

JR日光駅

↪JR日光線で約45分

JR宇都宮駅

↪JR宇都宮線で
約45分

↪東北新幹線で
約14分

JR那須塩原駅

↪JR宇都宮線で
約5分

↪関東自動車バス
で約15分

JR黒磯駅

↪関東自動車バス
で約35分

那須湯本温泉

車

日光IC

↪日光宇都宮道路で約25km

宇都宮IC

↪東北自動車道で約43km

黒磯板室IC

↪東北自動車道で約7km

那須IC

↪東北自動車道で
約8km

那須高原SIC

問い合わせ先

観光案内
那須町観光協会　☎0287-76-2619
交通
JR東日本お問い合わせセンター
　　　　　　　☎050-2016-1600
関東自動車バス 那須塩原営業所
　　　　　　　☎0570-031811
JRバス関東 西那須野支店
　　　　　　　☎0287-36-0109

那須はこんなところです

→ トレッキングコースは整備されており歩きやすい

「那須平成の森」を歩くコース
緑の森に癒やされて

丘に登り、壮麗な景色を眺める。植物を観察し、木陰でひと休み。森林で過ごす穏やかな一日。

多くの動植物が生息する御用邸用地の一部を一般開放

那須平成の森は、広葉樹林が広がる那須御用邸用地の一部を自然とふれあえる場として一般開放。自由に散策が楽しめる「ふれあいの森」と立ち入りが制限されている「学びの森」の2つのゾーンからなる。「ふれあいの森」は、散策路が整備され、フィールドセンターから駒止の滝観瀑台までの散策が楽しめる。

注目ポイント
5〜7月に咲くさまざまなツツジ類森に自生しているツツジの開花時期は、5〜6月がピーク。花の色や形状の異なる多種多様なツツジが見られる。

ヤマツツジ

シロヤシオ

トウゴクミツバツツジ

サラサドウダン

駒止の丘に向かう道。大小の石ころが敷かれた道が約900m続く

那須平成の森
なすへいせいのもり
那須温泉郷 MAP 付録P.16 B-2
☎0287-74-6808 ⑪那須町高久丙3254
⑩9:00〜16:30(5・7・8月は〜17:00) ⑭水曜(祝日の場合は翌日、GW・お盆・年末年始は無休) ⑭無料、学びの森ガイドウォーク2時間コース3000円(保険料込) ⑪JR那須塩原駅から車で40分／JR那須塩原駅から関東自動車バス・那須ロープウェイ行きで55分、湯本温泉下車、車で15分 Ⓟ66台

1 駒止の丘
こまどめのおか
MAP 付録P.16 B-1

茶臼岳や朝日岳を望む
駒止の滝観瀑台の手前の丘の斜面にある休憩所で、ウッドデッキとベンチがあり、茶臼岳や朝日岳を望むことができる。
⊙丘の斜面に設けられた休憩施設。景色を楽しみたい

「学びの森」でさらに自然と親しむ

予約制のガイドウォークで、「学びの森」をじっくり歩きたいという人には、「インタープリターと歩く那須平成の森ガイドウォーク」などのプログラムが用意されている。

⤴自然の知識が深まる

2 駒止の滝観瀑台
こまどめのたきかんばくだい

MAP 付録P.16 B-1

眼下に幻の名瀑を望む

宮内庁管轄の御料地であったため、一般人は立ち入ることができなかったので、「幻の滝」といわれた駒止の滝を望む。

⤴観瀑台から眺める美しい風景。紅葉のシーズンが特におすすめ

⤴駒止の滝・北温泉駐車場(無料)に隣接して設置されている観瀑台

歩く時間 ◆ 約1時間35分

ハイキングルート

気温が激変に変化することもあるため、着脱可能な服装が望ましい。道は舗装されていないので滑りにくい靴で散策したい。

フィールドセンター
⬇ 1.1km／40分
1 駒止の丘
⬇ 0.2km／5分
2 駒止の滝観瀑台
⬇ 0.4km／10分
3 ぐねぐね道
⬇ 1.2km／40分
フィールドセンター

※上記の「歩く時間」は施設などの入口までの目安です。見学時間などは含みません。

⬅フィールドセンターでは、那須平成の森の利用や自然に関する情報を提供してくれる

⬇ツキノワグマをはじめ、多くの野生動物が生息している

3 ぐねぐね道
ぐねぐねみち

MAP 付録P.16 B-2

木陰が続き、高原の風を感じられる

帰路は雑木林の中をくねくねと歩く。樹木や植物がより近く感じられ、自然とふれあえる道になっている。

⤴木洩れ日を感じながら、のんびりと散策できる

道標D

あずま屋
道標C
道標6

森の小径

あずま屋
道標1
道標B
道標3
道標2
道標A

フィールドセンター
START&GOAL

道標E
道標F
P
260

学びの森
(ガイド同行ゾーン)

◆那須湯本

緑の森に癒やされて

ステンドグラスに刻まれた「聖パウロの生涯」。
やわらかな光に浮かび上がる鮮やかな色彩に心
をひきつけられる（那須ステンドグラス美術館）

個性派揃いのアート鑑賞を楽しむ

建築にも注目したい 高原の美術館

那須の大地にたたずむ美術館はどれも個性的なアート作品を擁する。
意匠を凝らした美術館の建物や庭園にも目を向けてみたい。
アート鑑賞後は、併設のカフェで優雅なティータイムのひとときを。

◎円形のステンドグラスで彩られた
バラ窓（那須ステンドグラス美術館）

那須ステンドグラス美術館

なすステンドグラスびじゅつかん
那須高原 MAP 付録P.16 C-4

日本最大級を誇るステンドグラスの専門美術館

英国コッツウォルズ地方に残る中世の貴族の館をモチーフに建てられた。1800年代を中心とした色とりどりのアンティークステンドグラスが鑑賞でき、セント・ラファエル礼拝堂ではパイプオルガンの生演奏も聴ける。

☎0287-76-7111 所那須町高久丙1790 時9:00～16:30 休無休（臨時休館あり）※公式HPを要確認 料大人1300円ほか 交JR黒磯駅から関東自動車バス・那須湯本温泉方面行きで18分、守子坂下車、徒歩25分 P150台

↑壁面に聖書の一説が描かれたセント・ラファエル礼拝堂。館内で最大のステンドグラスが設置されている

【注目ポイント】

ステンドグラス作り体験

自分の好きな色を組み合わせて作るステンドグラスをおみやげに。ストラップやオーナメント、トレーなど大きさによって所要時間は異なるが、40分から体験できる。

那須芦野・石の美術館 STONE PLAZA

なすあしの・いしのびじゅつかん ストーン プラザ
那須高原 MAP 付録P.13 F-3

芦野石が生み出す、石と光と水の独特な空間

芦野石の産地に建つ、隈研吾により設計された美術館。大正～昭和初期に造られた石蔵を改修し、新設した5棟の建物とともに総石作りの見事な建築が広がる。石と水が織りなす幻想的な空間は異世界に迷い込んだよう。

☎0287-74-0228 所那須町芦野2717-5 時10:00～17:00（入館は～16:30）休月曜（祝日の場合は翌日、12月末～2月末の冬期休業あり）料大人800円ほか 交東北自動車道・那須ICから車で30分 P15台

↑旧奥州街道から続く「通り道」としてデザインされた

ガラスの芸術 エミール ガレ美術館

ガラスのげいじゅつ エミール ガレびじゅつかん
那須高原 MAP 付録P.15 D-2

世界的に貴重な、エミール ガレの作品を多数展示

19世紀末に活躍したフランスのガラス工芸家、エミール ガレの作品やデッサン、直筆の手紙などを展示。幻の花瓶といわれた『トリステスの花器』や万博出品作など、貴重な作品が揃う。

☎0287-78-6030 所那須町高久丙132 時9:30～17:00（入館は～16:30）休無休 料大人1000円ほか 交JR黒磯駅から関東自動車バス・那須湯本温泉方面行きで14分、広谷地下車、徒歩20分 P50台

↑中世ヨーロッパ風の建物。館内にはアンティークの家具や調度品も

那珂川町にある隈研吾建築の美術館へ

↑栃木県産の素材を多用して造られた平屋建築

那珂川町馬頭広重美術館

なかがわまちばとうひろしげびじゅつかん
那珂川町 MAP 付録P.3 E-3

名建築と広重作品が見事に融合

自然素材を用いた建築を得意とする隈研吾が、伝統的で落ち着きのある外観をコンセプトに設計。歌川広重の肉筆画を中心とする数多くのコレクションを展示。実業家・青木藤作が寄贈した4000点以上の作品を所蔵している。

↑歌川広重「冨士三十六景 駿河薩夕之海上」

☎0287-92-1199 所那珂川町馬頭116-9 時9:30～17:00（入館は～16:30）休月曜（祝日の場合は翌日、展示替えのため臨時休館あり）料企画展500円（特別展は別料金）交JR氏家駅から関東自動車バス・馬頭車庫行きで50分、室町下車、徒歩3分 P80台

那須で自然と遊ぶ

那須どうぶつ王国
なすどうぶつおうこく

那須高原 **MAP** 付録P.16 C-1

多彩な動物たちのパフォーマンス

愛らしい動物たちのパフォーマンスが楽しめる。動物たちとのふれあいエサやり体験なども開催している。

↑バードパフォーマンスは大迫力！

☎0287-77-1110 所那須町大島1042-1 時10:00～16:30 土・日曜、祝日、夏期9:00～17:00（冬期は～16:30）休水曜（祝日、GW、春・夏休み期間は除く）料王国パスポート2400円ほか 交東北自動車道・那須ICから車で約20km P2000台（乗用車700円）

↑のんびり暮らすカピバラにエサやり

那須ハイランドパーク
なすハイランドパーク

那須高原 **MAP** 付録P.14 B-1

東日本最大級の遊園地

8種類のコースターをはじめ約40種のアトラクションが揃う。季節ごとにイベントも盛りだくさん。自然体験ゾーンでは渓流釣りが楽しめる。

↑大人気のレジャーランド

☎0287-78-1150 所那須町高久乙3375 時9:30～17:00（季節により変動あり）休不定休 料大人1600円ほか 交東北自動車道・那須ICから車で約12km P4000台

↑絶叫度No.1のF²（エフ・ツー）

那須ワールドモンキーパーク
なすワールドモンキーパーク

那須高原 **MAP** 付録P.15 E-3

人懐っこい猿がお出迎え

世界のさまざまな種類の猿や、ラオスからやってきたゾウと遊べる動物園。アクロバティックな「那須サル劇場」、ゾウに乗れる「ゾウの森」が人気。

↑小さな猿を抱くこともできる

☎0287-63-8855 所那須町高久甲6146 時8:30（土・日曜、祝日8:00）～17:00（入園は～16:30）休無休 料大人1800円ほか 交東北自動車道・那須ICから車で約5km P350台

↑日本では珍しいゾウライド

那須アルパカ牧場
なすアルパカぼくじょう

那須高原 **MAP** 付録P.13 E-1

愛らしいアルパカに癒やされる

約230頭のアルパカが暮らす、日本初のアルパカ牧場。「ふれあい広場」や「アルパカとお散歩」が人気。5～6月は毛刈りの時期で、変化する姿にも注目。

↑大自然に囲まれた広大な牧場

☎0287-77-1197 所那須町大島1389-2 時10:00～16:00 休水・木曜（祝日の場合は営業）料大人800円ほか 交東北自動車道・那須ICから車で約20km P350台

↑かわいい赤ちゃんにも会える

那須高原りんどう湖ファミリー牧場
なすこうげんりんどうこファミリーぼくじょう

那須高原 **MAP** 付録P.15 E-2

遊園地もあるレジャー牧場

那須りんどう湖を囲んだ、総合レジャー施設。遊園地やジャージー牛がいる牧場があるほか、アイスやバターなどの手作り体験もできる。

↑那須の景色が一望できる

☎0287-76-3111 所那須町高久丙414-2 時9:30～17:00（季節により変動あり）休無休 料大人（中学生以上）1600円ほか 交東北自動車道・那須ICから車で約5km P2000台

↑湖上滑空のアトラクション

那須サファリパーク
なすサファリパーク

那須高原 **MAP** 付録P.14 C-1

野生動物が目の前に

迫力満点のライオンやトラなど、さまざまな動物が車のすぐそばに来る。キリンなど草食動物にはエサやりも可能。日本では貴重なホワイトライオンも見られる。

↑約70種700頭羽の動物を飼育

☎0287-78-0838 所那須町高久乙3523 時8:30（土・日曜、祝日8:00）～17:00（入園は～16:30）休無休 料大人2600円ほか 交東北自動車道・那須ICから車で約7km P350台

↑ガイド付きのライオンバス

牧場で動物たちとふれあえるアニマルスポットをはじめ、東日本屈指の規模を誇るテーマパークなど体験型のアトラクションで体を動かしながら、那須の大自然を存分に味わいたい。

那須高原 清流の里

なすこうげん せいりゅうのさと

那須高原 MAP 付録P.14 C-1

滝のある釣り堀施設

伏流水を引き込んだ透明度の高い池にイワナやニジマスを放流。釣った魚は、その場で炭火焼きにしていただける。旬のものが食べられる食事処も併設。

☎0287-78-0337 所那須町高久乙2714-2 開9:00～16:00 休木曜(祝日、8月は無休) 料竿代200円、魚代100g270円～、焼き代1匹250円ほか 交東北自動車道・黒磯板室ICから車で約17km P70台

池には那須連山から伏流水が

自然塩で焼いた絶品のイワナ

那須高原HERB's

なすこうげんハーブス

那須高原 MAP 付録P.14 C-1

日常を忘れる癒やしの空間

300種を超えるハーブの自家栽培を行う農園。併設されたショップでハーブやアロマ商品を購入できるほか、自家製ハーブティーが楽しめるカフェや体験教室を開催。

☎0287-76-7315 所那須町高久乙3589-3 開10:00～17:00 休火・水曜(GW、夏休み期間は除く) 料入園無料 交東北自動車道・那須ICから車で約10km P15台

ハーブの香りが漂うショップ

風味豊かなハーブティー

KPS那須高原 パラグライダースクール

ケーピーエス なすこうげん パラグライダースクール

那須温泉郷 MAP 付録P.16 A-2

大空を飛び自然を満喫

半日体験、1日体験、インストラクターと一緒に飛ぶタンデムフライトのコースがあり、大自然を体で感じながらパラグライダーにチャレンジできる。

☎0287-76-4740 所那須町湯本弁天 那須温泉ファミリースキー場 開1日体験9:30～15:00 休無休 料半日体験コース7400円、1日体験コース1万4000円ほか 交東北自動車道・那須ICから車で約25km P30台

基礎をしっかり学んだあと、実際のフライトを楽しめる

那須とりっくあーとぴあ

なすとりっくあーとぴあ

那須高原 MAP 付録P.15 E-3

日本最大のトリックアート美術館

3つの美術館を持つトリックアートのテーマパーク。目の錯覚を利用した体験型アートが楽しめる。作品と一緒に写真を撮ると、不思議な世界が広がる。

☎0287-62-8388 所那須町高久甲5760 開9:30(8月9:00)～18:00(10～3月は～17:00) 休無休 料大人1300円ほか 交東北自動車道・那須ICから車で約5km P210台

全身で錯覚を体感できる

リアルなポーズで撮影したい

那須の雄大な牧場で、動物とのふれあい体験

ジャージー牛を森に放牧

森林ノ牧場

しんりんのぼくじょう

那須高原 MAP 付録P.13 F-1

森の中で放牧されたジャージー牛とふれあうことができ、カフェでソフトクリームなどの乳製品やランチも楽しめる。

➡P.114

カフェのそばにはヤギや仔牛がいる

ジャージー牛の乳製品も人気

レジャー施設充実の観光牧場

那須高原 南ヶ丘牧場

なすこうげん みなみがおかぼくじょう

那須高原 MAP 付録P.16 B-4

国内では200頭ほどしかいないという希少なガーンジィ牛をはじめ、ヤギや馬、ロバなどとふれあえる。

➡P.114

国内では珍しい牛に会える

めぇ～めぇ～広場でヤギのエサやりや、乗馬体験もできる

GOURMET
食べる

自然の恵みの創作料理
予約制の自然派レストラン
natural restaurant OURS DINING
ナチュラル レストラン アワーズ ダイニング
那須高原 **MAP** 付録P.15 E-3

自家菜園で摘み採った無農薬の野菜やハーブ、契約農家の野菜を使い、味噌や豆腐も自家製で手間ひまかけた創作料理をシェフが作った地元八溝の木箱で提供。体の中から癒やしてくれそうな野菜と穀物によく合う、オーガニックワインや地酒もある。

☎0287-64-5573
🏠那須町高久甲5834-14 🕐12:00～15:30(LO13:30) 18:00～21:00(LO19:00) 🈺水～金曜 🚌JR黒磯駅から関東自動車バス・那須湯本温泉方面行きで10分、田代小前下車、徒歩15分 🅿15台

那須のめぐみランチ御膳 2780円
数種類の前菜、主菜、ご飯、味噌汁、プチデザートに玄米コーヒーが付く

予約	要	
予算	Ⓛ2780円～	Ⓓ8800円～

⬆お肉入り那須のめぐみランチ御膳は3350円
⬆テラス席も利用可能

清らかな水と新鮮な空気の産物
新鮮な高原野菜を使ったダイニング

那須連山の裾野で栽培される野菜は、寒暖の差により甘みが増し旨みが凝縮している。高原の風とともに運ばれる色とりどりのメニューに心躍らされる。

那須の新鮮野菜や旬の食材で味わい深い本格イタリアン
リストランテ ラ・ヴィータ・エ・ベッラ
那須高原 **MAP** 付録P.16 C-3

リゾートウエディングで人気が高い那須高原ミッシェルガーデンコートにあり、イタリアマエストロ・石崎幸雄氏がプロデュース。那須の高原野菜をはじめ選び抜かれた素材を生かしたイタリアンが楽しめる。

☎0287-76-7303
🏠那須町湯本新林206-167 🕐11:30～14:00(LO) 17:30～19:30(LO) ※ディナーは完全予約制(前日の15時までに予約) 🈺火・水曜(ほか貸切営業の場合あり) 🚌JR黒磯駅から関東自動車バス・那須湯本温泉方面行きで24分、新那須下車、徒歩10分 🅿150台

⬆瀟洒なつくりで、店名はイタリア語で"美しい人生"の意味

⬆ロケーションの美しさも魅力

ラヴィータコース
2420円
前菜、パスタ、肉料理、ドルチェ、自家製パン、コーヒーもしくは紅茶が付くコース

予約	要	
予算	Ⓛ2200円～	Ⓓ5500円～

PRANZO
2500円
（コースの前菜）
高原野菜や山菜を多用し、ベーコンや燻製などもすべて自家製

ここだけでしか食べられない
地元の食材をイタリア料理で

Cucina Italiana VINCI
クチーナ イタリアーナ ヴィンチ

那須塩原駅周辺 **MAP** 付録P.13 D-4

那須塩原をはじめ、那須の食材を知り尽くしたシェフによる創作イタリアンが味わえる。プリフィクスのコース料理が好評で、前菜やスープ、パスタ、メイン、デザートにいたるまで、地元の食材をふんだんに使用している。

☎0287-74-6937
🏠那須塩原市大原間西1-13-13 ラ・ヴィーナ3号　⏰11:00～13:30(LO) 18:00～20:00(LO)　🚫日曜　🚃JR那須塩原駅から徒歩5分　🅿8台

予約	望ましい
予算	Ⓛ2000円～ Ⓓ3500円～

⬆ランチの本日のデザート、パンナコッタと季節のフルーツ（とちおとめ）添え

⬆夏の風物詩那珂川産鮎とカラスミのスパゲティ（＋550円）は、季節の野菜もたっぷり

⬆間接照明の落ち着いた雰囲気の店内

風情ある古民家で田舎料理を
代々続くお米屋さんの食事処

瑞穂蔵
みずほぐら

那須高原 **MAP** 付録P.16 C-4

明治22年(1889)に建てられた造り酒屋を移築。那須産コシヒカリをはじめ、昔ながらの手作りの完熟味噌、素朴な漬物、水車で挽いた米粉を使った田舎料理が食べられる。

⬆コシヒカリや味噌、漬物、豆類などを販売

☎0287-76-1676
🏠那須町湯本新林357-32　⏰11:00～15:30　🚫火・水曜（祝日の場合は営業）、2月不定休　🚃JR黒磯駅から関東自動車バス・那須湯本温泉方面行きで23分、一軒茶屋下車、徒歩2分　🅿85台

予約	可
予算	Ⓛ1200円～

田舎膳 1500円
那須の高原野菜を中心に那須御養卵などおかずが7品ほど付く

⬆移築して造られた土間は趣ある雰囲気でゆっくりくつろげる

「富士幻豚」のスペシャリテ 3500円
幻の豚「富士幻豚」のグリル。しっとりとした牛肉のような旨みが特徴

新鮮な食材を贅沢に味わう
創作フレンチレストラン

BRASSERIE Soleil
ブラッスリーソレイユ

那須塩原駅周辺 **MAP** 付録P.13 E-3

那須の野菜や栃木県産の食材を使ったフランス料理が気軽に食べられるレストラン。家庭料理や郷土料理を中心に、種類豊富な前菜やカモや仔羊などのメイン料理が並ぶ。シェフ選りすぐりのワインと合わせて楽しみたい。

☎0287-74-6141
🏠那須塩原市上厚崎122-9　⏰11:00～14:00 18:00～22:00(LO21:00)※月曜・祝日はランチのみ　🚫月曜（変動あり）　🚃JR那須塩原駅から車で30分　🅿15台

予約	可
予算	Ⓛ1000円～ Ⓓ5000円～

⬆那須のおいしい野菜のバーニャカウダスタイルアンチョビとニンニクのディップ白味噌風味1200円

⬆シックで上品な雰囲気

シャトーブリアンステーキ
コース1万989円
サラダやスープなど全6品。ヒレ
の王様、 シャトーブリアンは、
8800円〜のセットでも食べられる

とちぎ和牛指定生産農家第一号
牛肉、米、野菜はすべて自家製

とちぎ和牛 渡邊ファーム
とちぎわぎゅう わたなべファーム

那須塩原駅周辺 **MAP** 付録P.13 D-4

とちぎ和牛指定生産農家の直営牧場
で、JAS認定有機なすひかりや自然
循環農法による野菜など、徹底して
自家生産にこだわり、お肉博士のベ
テランシェフが最高級のステーキを
食べさせてくれる。

☎0287-37-5066
所那須塩原市井口1168-2 営11:30〜13:30
(LO、土・日曜、祝日は〜14:00LO) 18:00〜
21:00(LO) 休不定休 交JR那須塩原駅か
ら車で5分 P12台

→コース内の牛ト
ロ炙り握り

←コース内の牛ト
ロ炙り握り

予約 望ましい
予算 L3300円〜
D5500円〜

←自家牧場で育てら
れる「なべ和牛」

↑緑に囲まれた自然
のなかのレストラン

こだわりの食材とシェフの技が光る逸品
とろけるような肉の味わいを堪能する

最高級の栃木の和牛を食す

栃木県内にはとちぎ和牛、那須和牛をはじめ約10種類の黒毛和種の銘柄牛があり、
特定の生産者がていねいに飼育している。
やわらかさ・風味・味わい、厳しい基準をクリアした絶品の味を。

Mt.那須Rock
300ｇ5500円
厳選されたモモ肉を使用。
赤身肉本来の旨みが楽し
める厚切りステーキ

関東有数の和牛牧場が提供する
極上の黒毛和牛を堪能

A・COWHERD
ア・カウハード

那須高原 **MAP** 付録P.15 D-2

那須街道沿いに建つ、黒毛和牛の創作料
理が味わえるダイニングレストラン。自
社牧場で飼育された高品質の黒毛和牛を、
一流のシェフが焼き上げるステーキやハ
ンバーグで味わえる。

☎0287-78-2233
所那須町高久乙593-146
営11:00〜15:30(LO15:00)
17:00〜21:00(LO20:30)
休無休 交東北自動車道・
那須ICから車で7分
P100台

↑ミディアムで提
供するグランドハン
バーグ180ｇ3100円

予約 可
予算
L2000円〜
D3000円〜

↓テーブル席の
ほか、座敷や掘り
ごたつ席もある

↓4〜10月はテラス席でも食事が楽しめる

↑平日は地元客で賑わう人気店

那須●食べる

ご当地ランチ・なすべん

食材の宝庫・那須をぎゅっと凝縮したグルメ。店ごとにメニューが異なるので、趣向を凝らした各店のなすべんを楽しみたい。

みるくプリン・季節の果物ソース

那須特選牛乳

白美人ネギの柚子胡椒マリネ

さつまいものサラダ

特製ハンバーグ（トマト＆白みそクリームソース）季節野菜添え

ニラと切り干し大根の煮びたし

うどの春巻き

青菜おにぎりごま・和牛ねぎだれ添え

コンソメスープ

> なすべん 1700円
> 農家のお母さんの愛情がたっぷり詰まった素朴で懐かしい味

なすべんとは

「那須の内弁当」の愛称。那須が食材の宝庫であることを広く知ってもらおうと考案された、那須の味覚が詰まった地産地消のランチプレート。那須に伝わる「九尾の狐伝説」にあやかり、9種類の食材を使った9つの料理が、9つの器に盛り付けられ、那須の八溝杉で作られた手作りプレートで提供される。

地元食材をふんだんに使いおふくろの味を提供

なすとらん

那須高原 **MAP** 付録P.15 D-2

道の駅 那須高原友愛の森にあり、食による地域活性化に貢献しているレストラン。なすべんのほか、那須ブランド和牛を使った那須和牛ステーキ丼2600円や、な・すいとん定食950円も人気。

☎0287-78-1219
🏠那須町高久乙593-8 ⏰11:00～15:00（冬期平日は～14:00）休12～3月の火曜 🚌JR黒磯駅から関東自動車バス・那須湯本温泉方面行きで14分、友愛の森下車すぐ 🅿156台

↑天井が高く、テーブルの配置もゆったり

ていねいに手作りされた和風創作料理をいただく

囲炉裏料理 与一
いろりりょうり よいち

那須高原 **MAP** 付録P.15 E-2

地元の食材に徹底的にこだわる囲炉裏料理店。備長炭で焼くことで素材の旨みを閉じ込め、旬な食材の本来の味わいを堪能できる。自慢のなすべんは「体にやさしい、体に良いもの」がテーマとなっている。

☎0287-76-3486
🏠那須町高久丙1338
⏰11:30～15:00（LO14:30）
休木曜（祝日の場合は翌日）
🚌JR那須塩原駅から関東自動車バス・那須ハイランドパーク行きで40分、上池田下車、徒歩5分 🅿30台

> なすべん 1700円
> 那須のコシヒカリの米粉パン ハイジの白パンや那須のニラと卵黄ごま油ひたし、那須和牛のカツ高原野菜のピュレ特製玉ねぎソース添えなど

1日限定20食 那須のおもてなしランチ

休暇村那須
きゅうかむらなす

那須温泉郷 **MAP** 付録P.16 B-2

日本百名山のひとつ・茶臼岳の南峰、標高1200mに位置する休暇村那須。レストランからは四季折々の那須の美しい自然が望める。温泉は江戸時代より続く大丸温泉で日帰り入浴（大人880円）も楽しめる。

> なすべん 1700円
> 手作りハンバーグの包み焼きをメインにこだわりのメニューが並び、地元の食材がたっぷり味わえるランチプレート

☎0287-76-2467
🏠那須町湯本137-14
⏰土・日曜、祝日の12:00～13:00（季節により変動あり）
休月～金
※前日まで要予約
🚌JR那須塩原駅から関東自動車バス・那須ロープウェイ行きで1時間、休暇村那須下車すぐ 🅿75台

緑の香りが漂う高原の特等席

那須の
木洩れ日カフェ

心地よい風がそよぐ高原カフェで、
のんびりランチやティータイムを楽しむ
午後の昼下がりは至福の時。

静かな環境のなか、池に
面したテラス席でのんび
りと過ごせる

いちごタルトと自家製レ
モンスカッシュ

体験教室やキャンプもできる自然いっぱいカフェ

コミュニティガーデン那須倶楽部
コミュニティガーデンなすくらぶ

那須高原 MAP 付録P.15 E-2

広大な敷地には生物の営み
が感じられるビオトープ池
や雑木林があり、開放的な
テラスで挽きたてのコーヒ
ーと手作りケーキが味わえ
る。ポーセリンアートや木
の実や小枝を使った壁飾り、
シルバーなどの随時体験も
行っている。

↑木の実や小枝などで壁飾りを作
るデコ体験ができる

☎0287-76-1242
住那須町高久丙1224
時11:30〜17:00 夏期
10:30〜17:30 休火・
水曜 交JR黒磯駅から
関東自動車バス・那須湯
本温泉方面行きで14分、
広谷地下車、徒歩30分
P30台

予約 可
予算 500円〜

↑好きなケーキに那須倶楽部ブレンドまた
はオリジナルティーが付く手作りケーキの
セット900円

季節の花が咲く庭を散歩してのんびりくつろげる

コピスガーデン カフェ

那須高原 MAP 付録P.15 D-3

雑木林の中に広がるガーデンセンタ
ーに併設されたカフェ。旬の果物を
使ったタルトやドリンクが楽しめる。
タルトなどのケーキは週末限定で販
売。テイクアウトもおすすめ。

↑ガーデニング用品や
アロマを扱うショップ

☎0120-377-228
住那須町高久甲4453-27 時10:00〜17:00
冬期は短縮あり 休水・木曜 交JR黒磯駅
から関東自動車バス・那須湯本温泉方面行き
で10分、お菓子の城下車、徒歩3分 P50台

予約 繁忙期不可
予算 1000円〜

↓季節の草花の競演が楽しめるガーデン。5〜6月はバラが見頃を迎える

↑滝の流れるテラスはペットの同伴可

チーズガーデン那須本店併設のハイセンスな空間

カフェ&ガーデン しらさぎ邸
カフェ&ガーデン しらさぎてい

那須高原 **MAP** 付録P.15 D-3

四季折々の自然を感じながら、手作りの料理やフレッシュなスイーツが楽しめる那須でも人気の高いカフェ。おすすめは3種のチーズケーキ1040円、しらさぎ邸特製黒カレー2200円、ノンアルコールのモヒート790円など。

☎0287-64-4848
㊟那須町高久甲喰木原2888 ⏰9:30〜18:00（LOフード17:00 ドリンク17:30）季節により変動あり ㊡無休 ㊟JR黒磯駅から関東自動車バス・那須湯本温泉方面行きで12分、チーズガーデン前下車すぐ ㋺150台

予約	不可
予算	2000円〜

併設のショップにも注目
全店舗一の広さと商品のラインナップを誇るチーズガーデン那須本店なら、那須ならではのおみやげが見つかる。

↑バターとハチミツたっぷりのフィナンシェ
↑一番人気の御用邸チーズケーキ1680円

↑那須本店の限定商品も揃える

↑人気のチーズケーキが一度に楽しめる3種のチーズケーキ1040円

↑都会的でありながら、緑に囲まれている

↑ロース肉のさっぱりカツレツ2200円

森林浴気分でくつろげる木立の中の癒やしの空間

ダイニングカフェ ボリジ

那須高原 **MAP** 付録P.15 D-1

周辺の自然と調和した建物は個性的で、欧風の中庭などもある。メインフロアは、森と対峙するかのようなロケーションで、お気に入りの席に座ってくつろぎたい。メニューはイタリア料理を中心に手作りのスイーツなどが味わえる。

☎0287-78-2776
㊟那須町高久乙2731-12 ⏰11:30〜19:30LO（ランチ〜14:30LO）定休日前日は〜16:00 ㊡水曜と月2回火曜 ㊟JR黒磯駅から関東自動車バス・那須湯本温泉方面行きで17分、上新屋下車すぐ ㋺15台

↑手打ちのパスタを使った牛すね肉のラグーソース

↑山形県産ホウボウのアクアパッツァ

予約	望ましい
予算	Ⓛ2000円〜 Ⓓ3800円〜

↑ガラス越しに広がる雑木林を眺めながら、ソファでくつろげる

↑生活雑貨や器などを展示販売している趣味の雑貨コーナー

↑ウッドデッキのテラスには爽やかな風が吹く

大きなソファにもたれて何もしない贅沢な時間を

Cafe Facile
カフェ ファシル

予約	可
予算	1000円〜

那須高原 **MAP** 付録P.15 D-3

天井の高いゆったりとした店内は、草木に囲まれたテラスを望み開放的で、ソファ席や大きな薪ストーブがある和みの空間。季節の野菜を使ったハンバーグや本格スイーツなど、メニューもプチ贅沢な逸品が揃う。

☎0287-62-5577
㊟那須町高久甲5462-1 ⏰10:00〜17:00（LO16:00）㊡不定休 ㊟JR黒磯駅から関東自動車バス・那須湯本温泉方面行きで12分、チーズガーデン前下車、徒歩3分 ㋺20台

↑那須御養卵を使った数量限定のファシルプリン440円

↑本格エスプレッソを使った那須牛乳カフェラテ650円

那須の木洩れ日カフェ

113

大地の恵みを凝縮した逸品 高原みやげ

オリジナルの乳製品が人気

乳製品からパンまで揃う

手作りのフレッシュな味わい

森林ノ牛乳
ジャージー牛の乳100%で、濃厚でコクのある牛乳。650円(500ml)

ミルクジャム
ガーンジィゴールデンミルクの甘いっぱいの人気商品。600円

さけるチーズのたまり漬け

フレッシュなチーズをたまり醤油に漬け込んだ、さけるチーズ。730円

いのちのミートソース
カフェメニューにもある牛肉100%のミートソース。648円

ぬるチーズ
こちらも人気商品で、パンにぬるほか、料理にも使える。600円

ガーンジィゴールデンミルク
希少なガーンジィ牛から搾った濃厚な牛乳。1130円(900ml、保冷ケース入りは1260円)

リコッタチーズ
低脂肪で、生乳の自然な甘みが感じられる。1010円

搾るヨーグルト
使いやすい容器で、砂糖不使用と加糖がある。750円(520ml)

ロシア黒パン
牧場伝統のパンで、ずっしりと重みがある。650円

カチョカバロのたまり漬け
生乳の旨みが凝縮したひょうたん形のチーズ。1300円

森林ノアイス
無添加で牛乳本来の味が楽しめるアイスクリーム。360円

ミルクパン
水を使わずガーンジィ牛のミルクをたっぷり使用。700円

澄白フレッシュチーズ
搾りたて生乳を乳酸発酵させ、水分を抜いて固めたチーズ。660円

森林ノ牧場
しんりんのぼくじょう
那須高原 **MAP** 付録P.13 F-1
ジャージー牛を森の中で放牧している牧場。カフェでは、乳製品を販売し、ジャージー牛乳のソフトクリームやミルクを使ったスイーツ、地元農家の野菜を使ったランチも食べられる。
☎0287-77-1340
所那須町豊原乙627-114
営10:00～16:00 休木曜
交JR新白河駅から車で15分 P15台

那須高原 南ヶ丘牧場
なすこうげんみなみがおかぼくじょう
那須高原 **MAP** 付録P.16 B-4
入口付近にある「牧場売店」は、珍しいガーンジィ牛のアイスクリームや人気のミルクジャム、ぬるチーズなどの乳製品をはじめ、自家製スイーツやパンなど豊富な品揃え。
☎0287-76-2150 所那須町湯本579 営8:00～17:30 休無休 交JR黒磯駅から関東自動車バス・那須湯本温泉方面行きで23分、一軒茶屋下車、徒歩15分 P400台

あまたにチーズ工房
あまたにチーズこうぼう
那須高原 **MAP** 付録P.16 C-3
那須高原の豊かな自然環境で放牧されている摩庭牧場の新鮮な生乳を使用。搾りたて生乳を乳酸発酵させたチーズやバター、生乳と麦芽糖、上白糖で作るミルクソースも人気。
☎0287-76-2723 所那須町湯本206-530 営10:00～17:00 休水曜 交JR黒磯駅から関東自動車バス・那須湯本温泉方面行きで24分、新那須下車、徒歩15分 P4台

那須の大自然のなかで育まれた牧場のみやげ。作り手のこだわりが感じられ、
自分も、そしてもらった人も思わずうれしくなる、とっておきのアイテム。

搾りたてのこだわりチーズ

おおひなた
ハートの白カビチーズ。中はとろっとしている1100円(130g)

ゆきやなぎ(塩入り)
ぷるんとした食感のなかにミルクの甘さが広がるフレッシュなチーズ。770円

茶臼岳
ヤギの熟成チーズ。濃厚でありながら上品な風味。JALの機内食にも使われている。2400円

自家牧場の生乳100%のチーズ

那須の大地
自家製チーズで、わさび醤油やサラダなどで食べるプレーン700円、たまり漬880円(各150g)

ベイクドチーズケーキ
ほどよい口どけで、甘さを抑えた王道のチーズケーキ。450円

放牧ソフトクリーム
生乳とチーズで作った濃厚ながら後味さっぱりのソフト。400円

レアチーズケーキ
チーズの風味、甘さと酸味のバランスに優れた逸品。450円

那須の雪解け
とろける舌ざわりがたまらないオリジナルのチーズケーキ。店内用450円、カップ350円

丹誠込めた手作りのハム

ソフトサラミ
ベーコン入りで、焼いてもそのままでもおいしい。1080円

リブフランク
ボイルまたは油を使わずにフライパンで焼いて食べる。1580円

クーゲルハム
豚のもも肉100%のしっとりした食感で、食べ応え十分。3500円

チキンサンドセット(ドリンク付き)
チキンウインナー、チキンハム、鶏スモークをサンドで。900円

今牧場 チーズ工房
いまぼくじょう チーズこうぼう

那須高原 MAP 付録P.15 E-3

乳牛300頭、ヤギ30頭を大切に育てる牧場。牛やヤギからわけてもらったミルクを職人が一つ一つ手がけて丁寧にチーズを製造している。職人のこだわりが詰まった濃厚チーズを味わおう。

☎0287-74-2580 所那須町高久甲5898 営10:00～16:00 休水曜 交JR黒磯駅から関東自動車バス・那須湯本温泉方面行きで10分、田代小前下車、徒歩20分 P2台

チーズケーキ工房 MANIWA FARM
チーズケーキこうぼう マニワ ファーム

那須高原 MAP 付録P.13 E-2

目の前の自家牧場で放牧された牛の生乳から作る、チーズケーキ専門店＆カフェ。テラス席からは、牧場の牛たちを眺めながらチーズケーキが味わえると大人気だ。

☎0287-77-0534 所那須町豊原丙4525 営11:00～(土・日曜、祝日10:00～)～17:00 休水・木曜(祝日の場合は営業、前日休) 交JR黒磯駅から車で20分 P30台

キングハム

那須高原 MAP 付録P.16 C-4

牛、豚、鶏の厳選素材のみを使ったハム、フランク、ソーセージなど好みの詰め合わせを贈答用にできる。また店内のカフェでは、ハムやフランクなどを使った手ごろなメニューもおすすめ。

☎0287-76-6110 所那須町湯本383 営9:00～17:00(季節により異なる) 休不定休 交JR黒磯駅から関東自動車バス・那須湯本温泉方面行きで23分、一軒茶屋下車、徒歩3分 P20台

イタリアの片田舎を思わせる
地域に愛され続けるレストラン

イタリア料理
ジョイア・ミーア 那須本店
イタリアりょうり ジョイア・ミーア なすほんてん

那須高原 MAP 付録P.16 C-4
1993年の創業以来変わらぬ味で、観
光地にありながら地元客にも親しま
れている。多彩なメニューのなかで
も、那須御養卵と生クリームをふん
だんに使った濃厚カルボナーラや、
ローマスタイルのピッツァなどがお
すすめ。

↩那須街道沿いの緑に囲まれたレス
トラン。ベーカリーも併設
☎0287-76-4478
所那須町湯本493-3 営季節により
変動(詳しくは要問い合わせ) 休不
定休 交JR黒磯駅から関東自動車バ
ス・那須湯本温泉方面行きで18分、
ジョイア・ミーア前下車すぐ
P50台

予約	不可
予算	L 1500円〜
	D 2500円〜

↩100席のゆったりとした店内

↩↩濃厚カルボ
ナーラ(左)、ト
マトベースの
ピッツァ(右)

皇室も好まれるとっておきの味
御用邸ゆかりの
お店へ
皇室が那須御用邸に滞在された折に
訪れたレストランや御用菓子など、
皇室にまつわるお店を紹介。

那須●買う

大正時代創業の老舗
那須御用邸ゆかりの御用菓子

鳳鳴館 扇屋
ほうめいかん おうぎや

那須高原 MAP 付録P.15 D-2
那須御用邸御用老舗扇屋の本店。那
須の自然や文化をテーマとした和菓
子や洋菓子、那須御用邸ゆかりの御
用菓子を販売。御用饅頭、献上饅頭
のほか、一口サイズの洋風桃山菓子
の雅の菊などもおすすめ。

↩豊富な品揃えの大型店。
2階には無料のギャラリー
もある
☎0287-78-7567
営9:30〜16:00(季節によ
り変動あり) 休不定休
交JR黒磯駅から関東自動
車バス・那須湯本温泉方面
行きで14分、広谷地下車、
徒歩5分 P20台

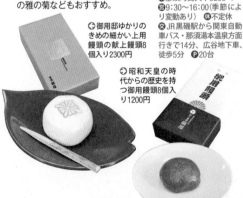

↩御用邸ゆかりの
きめの細かい上用
饅頭の献上饅頭8
個入り2300円

↪昭和天皇の時
代からの歴史を持
つ御用饅頭8個入
り1200円

爽やかな高原の空気と水
おいしいパン全国1位に輝く

パン工房 ドリーム
パンこうぼう ドリーム

那須高原 MAP 付録P.16 C-4
那須高原の豊かな自然環境にあ
る。熟成から発酵、酵母まで自
家製で、乳製品を使わないカロ
リーオフのヘルシーな食事パン
から、菓子パン、惣菜パン、ギ
フトに最適なパンまで、幅広く
取り揃えている。
☎0287-76-7103
所那須町湯本460-1 営9:00〜17:00
12〜2月10:00〜16:00 休無休
交JR黒磯駅から関東自動車バス・那須
湯本温泉方面行きで21分、那須高原保
育園入口下車、徒歩10分 P30台

↩健康に配慮したパンが並ぶ店
内。全国配送も行っている

↩天然酵母の
ドリーム・キングル
ヴァン(小)700円

↩遠赤外線で
焼き上げた新
那須あんぱん
420円

↩生活習慣病予
防に考案された、
ココスーパーサ
プリ1150円

↩大粒の栗が
入った元祖那須
あんぱん380円

観光途中に焼きたてパンをほおばる
愛しのベーカリー

清らかな水や自然に恵まれた那須には、ハード系のパンやベーグル専門店が点在。レベルの高いベーカリー激戦エリア。

オリジナリティあふれる人気パン
BAKERY PENNY LANE
ベーカリー ペニー レイン

那須高原 **MAP** 付録P.16 B-4

那須でも人気の高いベーカリーレストランで、店内にはビートルズ関連のグッズが並び、約100種類のパンのほかスイーツや食事のメニューも充実。

☎0287-76-1960
🏠那須町湯本656-2 ⏰8:00～17:00、レストランは～18:00(土・日曜20:00、LOは1時間前)季節により変動あり 休無休 🚌JR黒磯駅から関東自動車バス・那須湯本温泉方面行きで18分、守子坂下車、徒歩20分 Ⓟ50台

⬆一番人気で代表作、ブルーベリーブレッド920円
⬆ブルーチーズを使ったゴルゴンゾーラ490円

⬆大きなナスの形をした那須あんぱん600円

⬆おやつに最適のデニッシュ、リンゴスター550円

⬆「アビーロード」の看板は人気の撮影スポット

⬇ドライバジルとチーズを使ったバジルチーズ200円

⬆リーズナブルな値段設定もうれしい

日本人好みのもちもちベーグル
Bagel que-veau
ベーグル クーボー

那須高原 **MAP** 付録P.15 D-3

栃木県産の小麦粉「ゆめかおり」、きび砂糖や海洋酵母を使い、独自のレシピで作るベーグルは、ややもっちりとして食べやすい。野菜、惣菜、スイーツ系など、毎日約20種が店頭に並ぶ。

☎0287-62-1484
🏠那須町高久乙23-4 ⏰9:30～18:00 休月・火曜 🚌JR黒磯駅から関東自動車バス・那須湯本温泉方面行きで10分、田代小前下車、徒歩5分 Ⓟ6台

⬇レーズンをラム酒に漬けたシナモンレーズン170円

⬆北海道産小豆のこし餡が入った「あん」200円

⬆明るい店内では小物雑貨も販売している

HOTELS
泊まる

プライベートが守られる離れは、
瀟洒な別荘を思わせるつくり

那須●泊まる

喧騒を忘れ別荘のような雰囲気で過ごす

心休まる
那須の極上温泉宿

空間への配慮、料理へのこだわり、露天風呂から見る景色…
行き届いたおもてなしを提供する、ハイレベルのお宿へ。

那須ノ宿 縁
なすのやどえにし

那須高原 **MAP** 付録P.15 D-1

全9室の落ち着いた宿で
こだわりの創作料理を堪能

那須高原の別荘地にたたずむ一軒宿
で、自慢は経験豊富な料理長による、
那須の食材にこだわった創作会席。
客室は気取らない和洋室や露天風呂
付きの離れを用意。まるで別荘に滞
在しているように、くつろぎの休日
を過ごすことができる。

☎0287-76-7750 ⏭那須町高久丙405-386
🚌JR黒磯駅から関東自動車バス・那須湯本温
泉方面行きで17分、那須サファリパーク入口
下車、徒歩10分 🅿9台 ⏰15:00 out10:
00 🛏8室 💰1泊2食付1万6500円〜

🔼地元那須の食材を
使い、料理長が腕を
ふるった会席料理が
楽しめる

🔽客室露天風呂付き
特別室では、庭園を
眺めながらのんびり
と過ごしたい

🔼🔽温泉は貸切無料。肌にやさ
しいアルカリ単純泉で、信楽焼
の湯船も付いている

🔽日常を忘れさせてくれる隠れ
家で、安らぎのバケーションを

118

那須別邸 回

なすべっていかい
那須高原 **MAP** 付録P.16 C-3

和風モダンなお宿が
ワンランク上の滞在を約束

古き良き趣を持つ旅館、山水閣の別邸。モダンな10室の客室はすべて主室と寝室に分かれており、さらに風呂付き。プライベートな時間を贅沢に過ごせる。温泉は標高1300mの地に湧く大丸温泉を源泉とし、旅の疲れを癒やしてくれる。

↑旬な地元食材を使用した山里料理が味わえるレストラン

↑ゆとりを大切にした離れの部屋は洗練された雰囲気

季節ごとに変化する山の景色が楽しめる半露天風呂

↑客室「其の弐」の半露天風呂。檜の香りとやわらかい日差しが心地よい

☎0287-76-3180　🏠那須町湯本206　🚉JR那須塩原駅から関東自動車バス・那須湯本温泉方面行きで40分、山水閣入口下車、徒歩5分　🅿10台　in15:00　out11:00　🛏10室　🈷1泊2食付5万2950円～

↑最上階7階の展望大浴場「天峰の湯」から、那須連山が一望できる

ホテル森の風 那須

ホテルもりのかぜ なす
那須高原 **MAP** 付録P.15 E-2

那須の森にたたずむ湯宿で
贅沢な時間を過ごす

豊かな自然に囲まれた、大正ロマンを感じる華やかな雰囲気のロイヤルリゾート。クラシカルな館内は上品さが感じられ、落ち着きのあるホテルで優雅なひとときが過ごせる。「美人の湯」とも呼ばれる炭酸水素塩温泉では、肌ざわりの良いシルクのようなお湯が楽しめる。

↑大きな窓に和モダンの客室が開放感を与え、心を和ませる

↑季節の食材や那須の高原野菜を使用した、色彩豊かな料理を堪能

↑晴れた日には山麓の樹海が見渡せる(左)。檜の香りに包まれた内湯。寝湯やシャンプーバーも設備(下)

☎0120-489-166　🏠那須町高久丙1179-2　🚉JR那須塩原駅から車で30分　🅿132台　in15:00　out11:00　🛏90室　🈷1泊2食付1万9800円～

natural restaurant OURS DINING（P.108）の前の草地広場が会場となる和やかな雰囲気の朝市

ジャムは自家農園の野菜で作っています

みるくジャム、カリンシロップ、ルバーブジャムなど

ジャムおばさん

ちっちゃなおやまの農場

大豆の栽培から販売まで手がけています

からこ屋

天然素材を用いた草木染＋手縫いの布雑貨、あずま袋や箸袋が並ぶ

季節の野菜や大豆加工品なども販売

西郷ゆば工房

オーガニックからアートまで誰もが笑顔になれる朝市

大日向マルシェ

おおひなたマルシェ

那須高原 **MAP** 付録P.15 E-3

農薬や化学肥料を使わない農産物、国産小麦の天然酵母パン、添加物を使わないお菓子から、暮らしの日用雑貨まで、地域の人たちが大切に育て、作ったものを持ち寄って、笑顔と会話を交わしながら、買い物を楽しめる朝市。

☎なし

㊟那須町高久甲5834-14　⏰5〜11月の第2・4土曜9:00〜12:30　㊡12〜4月　🚃JR黒磯駅から関東自動車バス・那須湯本温泉方面行きで10分、田代小前下車、徒歩15分　🅿10台

梨本あぶらや

農薬・化学肥料不使用の菜種の圧搾湯などを取り揃える

那須●マルシェでご当地食材

生産者が見える安心でおいしい「限定」朝市へ

マルシェでご当地食材

●無農薬で化学肥料を使わない野菜や天然酵母で作ったパンなど、体にやさしい那須の食材が一堂に会する。朝市のような賑わいをみせる複合施設にも注目。

おしゃれな店内に那須のおいしいものが種類豊富に揃う

「那須の大きな食卓」がコンセプト
地域のおいしい交流の場として誕生

Chus

チャウス

黒磯駅周辺 **MAP** 付録P.13 E-3

店名は茶臼岳に由来し、マルシェ、カフェ、宿の機能を併せ持つ複合施設。地域の採れたての野菜や加工品、日本酒を売る直売スペース、那須の食材をふんだんに使った料理が食べられるカフェのほか、2階にはゲストハウスもある。

☎0287-74-5156

㊟那須塩原市高砂町6-3　⏰10:00〜17:00（土・日、祝日〜20:00）　㊡第2木曜　🚃JR黒磯駅から徒歩10分　🅿7台

ヨーロッパのマルシェをイメージした屋外スペース

高松農園の味恋とまとを贅沢に使用した味恋とまとジュース500ml

那須産スキムミルクを加工したミルクジャム入り焼き菓子、バターのいとこ1箱3枚入り972円

BUTTER NO ITOKO
04 BUTTER
90
06 BUTTER MILD
バターのいとこ

国産材料のみを使用したなかむらや志水のどらやき

Chus

栃木和牛を使用したザ・クラシックバーガー

TRANSPORTATION

Nikko
Nasu Shiobara

アクセスと
市内交通

歴史ある街を
巡るために
知っておきたい

古くから避暑地として
親しまれてきた日光・那須・塩原エリア。
目的地によって交通事情が異なるので、
鉄道やバスを上手に活用し、
スムーズに観光したい。

日光・鬼怒川・那須へのアクセス

各エリアには、おもに東武鉄道やJRの特急や快速などの電車を利用して目的地へ向かう。
エリアを横断して使用できるお得なきっぷもあるので、有効活用したい。

電車でのアクセス

特急や新幹線で効率よく移動

関東からは、JRや東武線の特急を利用するのが基本。那須塩原へは、東京駅から東北新幹線で向かうと時間短縮できるので、目的地に合わせて路線を選択したい。

●問い合わせ先

JR東日本お問い合わせセンター	☎050-2016-1600
東武鉄道お客さまセンター	☎03-5962-0102
野岩鉄道（会津鬼怒川線）	☎0288-77-2355
東武日光駅ツーリストセンター	☎0288-54-0864

東武日光

東北方面から
仙台駅 →［東北新幹線 約2時間30分／9230円］→ 宇都宮駅 →［JR日光線］→ 日光駅 → 徒歩

関東方面から
新宿駅 →［JR・東武直通特急「スペーシア日光」 約2時間／4090円］
新宿駅 →［JR・東武直通特急「きぬがわ」 約2時間／4090円］→ 下今市駅 →［東武日光線］
浅草駅 →［東武特急「スペーシアX」 約1時間50分／3340円］

鬼怒川温泉

東北方面から
仙台駅 →［東北新幹線 約3時間30分／1万4480円］→ 大宮駅 →［JR・東武直通特急「きぬがわ」／「スペーシアきぬがわ」］

関東方面から
新宿駅 →［JR・東武直通特急「きぬがわ」／「スペーシアきぬがわ」 約2時間10分／4090円］
新宿駅 →［JR・東武直通特急「スペーシア日光」 約2時間35分／4090円］→ 下今市駅 →［東武鬼怒川線］
浅草駅 →［東武特急「リバティ会津」 約2時間10分／3240円］
浅草駅 →［東武特急「リバティきぬ」 約2時間10分／3240円］

日光

東北方面から
仙台駅 →［東北新幹線 約2時間25分／9230円］→ 宇都宮駅 →［JR日光線］

関東方面から
東京駅 →［東北新幹線 約1時間50分／5680円］→ 宇都宮駅 →［JR日光線］
新宿駅 →［JR湘南新宿ライン快速 約2時間40分／2640円］→ 宇都宮駅 →［JR日光線］

那須塩原

東北方面から
仙台駅 →［東北新幹線 約1時間／6580円］

関東方面から
東京駅 →［東北新幹線 約1時間10分／6020円］

※料金は通常期、指定席利用時の片道の金額を表示しています

日光・鬼怒川へのアクセスにお得なきっぷ

まるごと日光・鬼怒川東武フリーパス
価格：6320円（4～11月）、5790円（12～3月）
※浅草発　有効期限：4日間
発売場所：東武線各駅（一部駅を除く）、一部の旅行会社
区間：出発駅から下今市駅間の往復きっぷと、バスのフリー区間乗車券とのセット。東武日光駅から湯西川温泉駅間の東武鉄道、野岩鉄道の一部、東武バス日光・日光交通バスの指定区間が乗り降り自由。

まるごと鬼怒川東武フリーパス
価格：4830円（4～11月）、4640円（12～3月）
※浅草駅発
有効期限：4日間　発売場所：東武線各駅（一部駅を除く）、旅行会社
区間：出発駅から下今市駅間の往復きっぷと、バスのフリー区間乗車券とのセット。東武日光駅から湯西川温泉駅間の東武鉄道、野岩鉄道の一部、日光交通バスの指定区間が乗り降り自由。

まるごと日光東武フリーパス
価格：4810円（4～11月）、4390円（12～3月）
※浅草駅発
有効期限：4日間　発売場所：東武線各駅（一部駅を除く）、旅行会社
区間：出発駅から下今市駅間の往復きっぷと、バスのフリー区間乗車券とのセット。東武鉄道は東武日光駅から新藤原駅、東武バス日光は日光山内、中禅寺湖などの指定区間が乗り降り自由。

アクセスと市内交通

車でのアクセス

関東から各エリアへは宇都宮ICが分岐点

●日光
車やレンタカーでの観光は、東北自動車道の宇都宮ICが分岐点となる。関東方面からの日光へは、東北自動車道の宇都宮ICから日光宇都宮道路で日光ICへアクセス。紅葉シーズンは、宇都宮IC周辺やいろは坂は渋滞するので、時間に余裕をもって出かけたい。また、野生の猿が多いエリアなので、運転に注意したい。中禅寺湖周辺へは日光宇都宮道路・清滝ICを経由し、国道120号で向かう。

●鬼怒川
鬼怒川温泉は北西部へのびる各温泉地へのゲートウェイで、川治・湯西川・奥鬼怒・塩原温泉郷などのアクセスポイントとなる。鬼怒川温泉へは、宇都宮ICから日光宇都宮道路で今市ICを経由、国道121号を走り、鬼怒バイパスを通って温泉街へ。川治温泉は、鬼怒川温泉から国道121号を通って北上する。湯西川温泉は、国道121号、県道249号を経由する。奥鬼怒へは国道121号を利用し、川治温泉を経て、県道23号で女夫渕へ。女夫渕から先は宿の送迎または徒歩で移動する。

●那須
那須高原・那須温泉は、那須ICを経由し、那須街道を利用して目的地へ向かう。行楽シーズンの渋滞は必至だが、那須高原SAのスマートIC(ETC専用インターチェンジ)を利用すれば、那須街道を通らず進めるので、渋滞回避も期待できる。また、板室温泉は、那須温泉郷から県道266号を通るルートと、黒磯板室ICから板室街道を通るルートがある。関東方面から向かう場合は、黒磯板室ICを経由するのが便利。

●塩原温泉郷
日光・鬼怒川方面からは、日塩もみじラインを通るルートと、東北自動車道の西那須野塩原ICを経由し、国道400号を通るルートがある。塩原周辺の観光名所は国道400号沿いに集中しているので、東北自動車道から向かうと観光名所に立ち寄れる。秋の紅葉シーズンは、日塩もみじラインの景色も堪能したい。

東北方面から

仙台宮城IC	東北自動車道 約2時間30分／約180km	→ 那須IC

関東方面から

川口JCT	東北自動車道 → 宇都宮IC 約1時間50分／120km 日光宇都宮道路	→ 日光IC
宇都宮IC	日光宇都宮道路 → 今市IC 約40分／31km 国道121号	→ 鬼怒川
川口JCT	東北自動車道 約2時間／約140km	→ 西那須野塩原IC
川口JCT	東北自動車道 約2時間10分／150km	→ 那須IC

●問い合わせ先

日本道路交通情報センター	☎050-3369-6666
日本道路交通情報センター(栃木情報)	☎050-3369-6609
NEXCO東日本 お客さまセンター	☎0570-024-024

バスでのアクセス

塩原・那須方面へ行く際に便利

関東方面から向かう高速バスは、那須温泉と塩原方面のみで、日光や鬼怒川へは電車やバスへの乗り換えが必要になる。都内はバスタ新宿発で、王子駅、池袋駅(降車のみ)を通る。

関東方面から

バスタ新宿	関東自動車ほか「那須・塩原号」 約3時間10分／3400円	→ 塩原温泉
バスタ新宿	関東自動車ほか「那須・塩原号」 約4時間／3800円	→ 那須温泉

※塩原温泉行きは2024年1月現在運休中

●問い合わせ先

関東自動車 那須塩原営業所	☎0570-031811

各エリアのお得なきっぷ

日光 世界遺産めぐり手形
価格:600円 有効期限:1日 発売場所:東武日光駅ツーリストセンター 区間:日光山内、市街を循環する世界遺産めぐりバスのコースを中心とした区間で1日乗り放題。

日光 中禅寺温泉フリーパス
価格:2300円 有効期限:2日 発売場所:東武日光駅ツーリストセンター 区間:JR・東武日光駅から、中禅寺温泉間のフリーパス。華厳ノ滝、中禅寺湖へ行ける。世界遺産めぐりバスも含む。

日光 霧降高原フリーパス
価格:1500円 有効期限:2日 発売場所:東武日光駅ツーリストセンター 区間:JR・東武日光駅から、霧降高原間のフリーパス。世界遺産めぐりバスも含む(12〜3月は発売なし)。

日光 湯元温泉フリーパス
価格:3500円 有効期限:2日 発売場所:東武日光駅ツーリストセンター 区間:JR・東武日光駅から、湯元温泉のフリーパス。日光の世界遺産めぐりバスも含む。

塩原 塩原渓谷フリーきっぷ
価格:2050円 有効期限:2日 発売場所:バス車内 区間:那須塩原駅か西那須野駅から千本松の1往復と、千本松から塩原温泉の区間の乗り放題がセット。

那須 那須高原観光周遊バス・1DAYパス
価格:1500円 有効期限:1日 発売場所:バス車内など 区間:那須高原の主要スポットを巡る「那須高原観光周遊バス」が乗り放題。

車か公共交通機関を使うか、移動方法を比較して考えたい

エリア間の移動

日光周辺路線図

鬼怒川温泉～塩原温泉
電車バス 約1時間10分
東武鬼怒川線・野岩鉄道会津
鬼怒川線、ゆーバスを利用
車 約50分・約36km
日塩もみじラインを経由

鬼怒川温泉駅～湯西川温泉
バス 約1時間
日光交通バス・湯西川温泉
行きを利用

鬼怒川温泉駅～奥鬼怒（女夫渕）
バス 約1時間35分
しおや交通・女夫渕行きを利用

鬼怒川温泉駅～川治湯元駅
電車 約20分
東武鬼怒川線、野岩鉄道会
津鬼怒川線を利用

日光～湯元温泉
バス 約1時間30分
東武バス日光・湯元
温泉行きを利用

日光～霧降高原
バス 約25分
東武バス日光・霧降
高原行きを利用（12
～3月運休）

日光～中禅寺湖
バス 約50分
東武バス日光・中禅
寺温泉行きを利用

日光～西参道
バス 約10分
東武バス日光・中禅
寺湖方面行きを利用

日光～鬼怒川温泉
電車 約45分
東武日光線・鬼怒川線を利用
バス 約50分
日光・鬼怒川エクスプレス（要
予約）を利用

日光～那須塩原
電車 約1時間40分
那須塩原まではJR日光線・
宇都宮線を利用
車 約1時間・約70km
日光宇都宮道路、東北自動車
道を経由

塩原温泉

湯西川温泉

奥鬼怒温泉（女夫渕）

川治温泉

日光霧降高原
大笹牧場

霧降高原

湯元温泉

中禅寺湖

西参道

鬼怒川温泉

日光

上三依塩原温泉口駅

湯西川温泉駅

川治湯元駅

龍王峡駅

新藤原駅

鬼怒川温泉駅

東武日光駅

下今市駅

上今市駅

間藤駅

新鹿沼駅

鹿沼駅

東武宇都宮駅

宇都宮駅

日光駅

今市駅

矢板北SIC

矢板駅

矢板IC

東北IC

上河内SIC

宇都宮IC

清滝IC

日光IC

今市IC

土沢IC

第一いろは坂

第二いろは坂

中禅寺湖

アクセスと市内交通

沼田街道

会津鬼怒川線

野岩鉄道

日塩もみじライン

東武鬼怒川線

東武日光線

日光線

日光街道

日光宇都宮道路

日光例幣使街道

東北自動車道

東北本線

東北新幹線

各エリア間を移動するなら電車や車、
エリア内ならバスを利用すると観光には便利。
移動時間や交通状況を事前に確認しておきたい。

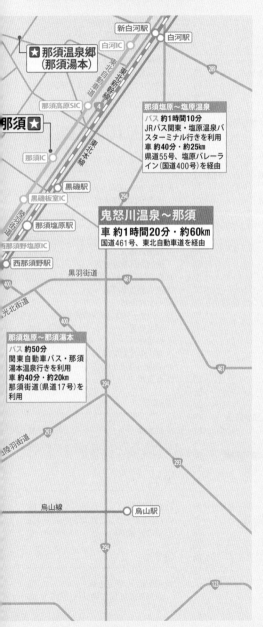

★那須温泉郷
（那須湯本）

白河IC　白河駅
新白河駅

那須★

那須高原SIC

那須IC

黒磯駅
黒磯板室IC

那須塩原駅

西那須野IC

西那須野駅

黒羽街道

400

日光北街道

400

那須塩原～塩原温泉
バス 約1時間10分
JRバス関東・塩原温泉バス
スターミナル行きを利用
車 約40分・約25km
県道55号、塩原バレーラ
イン（国道400号）を経由

鬼怒川温泉～那須
車 約1時間20分・約60km
国道461号、東北自動車道を経由

那須塩原～那須湯本
バス 約50分
関東自動車バス・那須
湯本温泉行きを利用
車 約40分・約20km
那須街道（県道17号）を
利用

常陸羽街道

烏山線

烏山駅

日光の交通

二社一寺や日光市街の観光スポットは
路線バスとお得なきっぷを利用して訪れたい。

路線バスで目的地に合わせたルートを選択

東武日光駅、JR日光駅を起点に、東武バス日光の路線バスが運行。おもに日光山内を通る中禅寺温泉・湯元温泉方面行きと、霧降高原方面行きの路線がある。霧降高原方面行きは、冬季運休なので注意が必要。東武日光駅構内のツーリストセンターでは、複数エリアをお得にまわれる、乗り放題のフリーパスも各種販売しているので、観光名所へ行くときには有効活用したい（P.123）。

東武バス日光営業所 ☎0288-54-1138

鬼怒川の交通
街の移動方法を比較して計画を立てる

鬼怒川温泉駅を起点にアクセスし
奥座敷のような宿や秘湯が集まる温泉街へ。

電車やバスの運行時間を事前に確認

鬼怒川エリアの移動は、鬼怒川温泉駅を起点にバスや電車を利用。日光交通の路線バスは、川治温泉へ所要20分、湯西川温泉へ所要60分（1日6本）。また、会津鬼怒川線（野岩鉄道）を利用することもできる。奥鬼怒エリアには、鬼怒川温泉駅からしおや交通バスに乗り、女夫渕で下車。徒歩か各施設の送迎バスを利用して目的地へ。また、日光交通は、鬼怒川温泉駅と鬼怒川温泉の各ホテル・旅館を循環するバスを、東武鉄道の電車の発着に応じて運行している。

日光交通ダイヤル営業所 ☎0288-77-2685
しおや交通 ☎0287-46-0011

那須の交通
リゾート施設や観光スポットに移動する

那須高原や那須の温泉地など、見どころが
広範囲に点在するエリアを効率よく巡りたい。

周遊バスに乗車してスムーズに観光

那須エリアの移動はJR黒磯駅を起点とするのが基本。関東自動車バスの路線が多数運行している。那須湯本温泉方面行き、板室温泉方面行きなど、黒磯駅と那須塩原駅の両駅から路線バスが出ており、多くは両駅に停車する。また、那須高原観光周遊バスを利用し、観光名所を訪れるのもおすすめ。道の駅 那須高原友愛の森から発着。一日乗り放題のバスも利用できる。

関東自動車バス 那須塩原営業所 ☎0570-031811
JRバス関東 西那須野支店 ☎0287-36-0109

エリア間の移動

INDEX

STAFF

編集制作 Editors
(株)K&Bパブリッシャーズ

取材・執筆・撮影 Writers & Photographers
森合紀子　重松久美子　成沢拓司　忍章子
安田真樹　雪岡直樹　遠藤優子

執筆協力 Writers
伊藤麻衣子

編集協力 Editors
(株)ジェオ

本文・表紙デザイン Cover & Editorial Design
(株)K&Bパブリッシャーズ

表紙写真 Cover Photo
アフロ

地図制作 Maps
トラベラ・ドットネット(株)
DIG.Factory
宍田利孝

写真協力 Photographs
関係各市町村観光課・観光協会
関係諸施設
千葉崇則
PIXTA

総合プロデューサー Total Producer
河村季里

TAC出版担当 Producer
君塚太

TAC出版海外版権担当 Copyright Export
野崎博和

エグゼクティヴ・プロデューサー
Executive Producer
猪野樹

おとな旅 プレミアム
日光 那須・塩原 第4版

2024年4月6日　初版　第1刷発行

著　　者　TAC出版編集部
発 行 者　多田敏男
発 行 所　TAC株式会社　出版事業部
　　　　　　（TAC出版）

〒101-8383 東京都千代田区神田三崎町3-2-18
電話　03(5276)9492(営業)
FAX　03(5276)9674
https://shuppan.tac-school.co.jp

印　　刷　株式会社　光邦
製　　本　東京美術紙工協業組合

©TAC 2024　Printed in Japan　　ISBN978-4-300-10966-3
N.D.C.291　　　　　　　　落丁・乱丁本はお取り替えいたします。